经济新联线

2024

形势与热点导读

河北省社会科学院
中共河北省委讲师团 ｜ 编著

中国财经出版传媒集团
经济科学出版社
Economic Science Press
·北 京·

图书在版编目（CIP）数据

经济新联线．2024 ：形势与热点导读／河北省社
会科学院，中共河北省委讲师团编著．－－北京 ： 经济科学
出版社，2024.9. －－ISBN 978－7－5218－6333－8

Ⅰ．F123.2

中国国家版本馆 CIP 数据核字第 2024SW7039 号

责任编辑：戴婷婷
责任校对：齐　杰
责任印制：范　艳

经济新联线·2024
——形势与热点导读

河北省社会科学院　编著
中共河北省委讲师团

经济科学出版社出版、发行　新华书店经销
社址：北京市海淀区阜成路甲 28 号　邮编：100142
总编部电话：010－88191217　发行部电话：010－88191522
网址：www. esp. com. cn
电子邮箱：esp@ esp. com. cn
天猫网店：经济科学出版社旗舰店
网址：http：//jjkxcbs. tmall. com
北京联兴盛业印刷股份有限公司印装
710×1000　16 开　19.75 印张　270000 字
2024 年 9 月第 1 版　2024 年 9 月第 1 次印刷
ISBN 978－7－5218－6333－8　定价：99.00 元
（图书出现印装问题，本社负责调换。电话：010－88191545）
（版权所有　侵权必究　打击盗版　举报热线：010－88191661
QQ：2242791300　营销中心电话：010－88191537
电子邮箱：dbts@ esp. com. cn）

前　言

　　为贯彻落实好党的二十大和二十届二中、三中全会精神，帮助广大干部群众了解和把握当前经济形势与经济政策，以新气象新作为推动高质量发展取得新成效，我们组织理论教研骨干编写了《经济新联线·2024——形势与热点导读》。本书在延续以往的《经济形势与政策导读》系列读本特色亮点的基础上进一步开拓创新，重点围绕中央经济工作总体部署、河北经济工作部署、京津冀协同发展十周年等内容进行了深入浅出的解读，力求用平实朴实切实的大众语言，通俗易懂地分析当前经济形势，阐释重大经济政策，并结合河北实际进行形势和政策分析。希望对广大干部群众深入了解当前经济形势、准确把握国家和河北经济政策有所帮助。

目　　录

1

经济建设迈出坚实步伐

——2023 年我国经济建设取得哪些重要进展？ 从近年的经济工作中可以得出哪些规律性认识？

2023 年是全面贯彻党的二十大精神的开局之年，在历经新冠疫情后，我国经济踏上了涅槃重生、加速复苏的壮阔征途。这一年，我国经济建设绽放亮眼光芒，不仅经济增长之舟稳舵前行，在波澜不惊中续写稳定传奇，更见经济结构在转型升级中持续优化，高质量发展的旋律愈发铿锵有力。回望过去，一幅幅生动图景跃然眼前：科技创新如雨后春笋般蓬勃兴起，引领着时代的浪潮；产业结构经历了深刻的自我革新，绽放出转型升级的绚烂之花；我国经济以更加开放的姿态，深度融入全球经济的大潮，展现出前所未有的韧性与活力。

2023 年 12 月召开的中央经济工作会议提出"五个必须"的规律性认识,这不仅是对过往经济征程的经验凝炼与智慧结晶,更是对未来经济蓝图的精准描绘与科学导航。站在新的历史起点上,我们有理由相信,在"五个必须"的指引下,我国经济建设将迈出更加坚实的步伐,不断开创高质量发展的新局面。

▶▶ 发展成绩可圈可点

物有甘苦,尝之者识;道有夷险,履之者知。2023 年,面对国际政治经济环境不利因素增多、国内周期性和结构性矛盾叠加的错综复杂形势,以习近平同志为核心的党中央团结带领全党全国各族人民顶住外部压力、克服内部困难,坚持稳中求进工作总基调,全面深化改革开放,推动经济恢复发展,圆满实现经济社会发展主要预期目标,取得了来之不易、可圈可点的成绩。

"这一年的步伐,我们走得很坚实"

2023 年,各地区各部门坚持稳中求进工作总基调,完整、准确、全面贯彻新发展理念,高质量发展扎实推进,主要预期目标圆满实现。根据国家统计局数据,2023 年我国经济"成绩单"成色好、分量足。

2023 年中国经济"成绩单"①

　　经济回升向好。2023 年我国国内生产总值（GDP）超 126 万亿元，同比增长 5.2%，增速较上年加快了 2.2 个百分点，彰显了我国经济持续稳健的发展态势。在就业领域，随着经济形势的恢复，一些灵活就业在增加，比如直播带货、移动出行、网络零售等增加了一些新型就业，对稳定就业发挥了重要作用。在物价方面，全年呈现出温和上涨的态势。在全球主要发达经济体普遍面临高通胀压力的背景下，我国物价总水平能够保持相对稳定，为政府实施稳增长政策提供了更为宽松的环境和更多的操作空间。从国际收支角度看，到年末，外汇储备已超过 3.2 万亿美元，彰显了我国经济的强劲实力和稳定性。

　　发展成色十足。2023 年全年规模以上工业增加值同比增长

---

　　①　本书图片及数据，除特别说明的以外，均来自公开网络（如新华网）等。

4.6%，相比2022年提升了1个百分点。特别是制造业领域，规模以上工业增加值同比增长5.0%，充分展示了我国制造业的强劲实力和持续发展的动力。值得一提的是，我国制造业的总体规模已连续14年稳居全球第一。与此同时，服务业和消费作为经济增长的主要引擎，其作用愈发凸显。2023年，服务业增加值在GDP中的占比达到了54.6%，较上年提升了1.2个百分点。最终消费支出对经济增长的贡献率更是高达82.5%，较上年大幅提升43.1个百分点，体现了内需市场的强大拉动力。

　　安全发展基础进一步巩固夯实。在农业生产领域，尽管2023年遭遇了黄淮地区罕见的"烂场雨"、华北东北部分地区的严重洪涝灾害，以及西北地区的局部干旱等重重挑战，但我国粮食生产依然展现出强大的韧性和稳定性。全年粮食产量不仅未受影响，反而实现了1.3%的增长，有力地证明了"中国饭碗"不仅端得稳，而且越来越牢靠，粮食安全得到充分保障。在工业生产方面，面对国际环境变化和外部打压遏制，我国坚持场景牵引、软硬协同、串珠成链，"一链一策"推进重点产业链补短板、锻长板、强基础，产业链供应链韧性和安全水平不断提升。在能源生产方面，规模以上工业原煤产量、原油产量、天然气产量等均实现增长。这些增长不仅有效满足了国内对能源的需求，也为经济的稳定发展和民生保障提供了坚实的能源支撑。在宏观经济管理方面，我国成功守住了不发生系统性风险的底线，确保了经济金融安全。同时，民生保障工作成效明显，全国居民人均可支配收入比上年实际增长6.1%，增速超过了经济增速，真正让经济发展的成果惠及广大人民群众。

"这一年的步伐，我们走得很有力量"

百年变局之下，科技创新是"关键变量"，也是高质量发展的"最大增量"。2023年，我们深入实施创新驱动发展战略，进一步提升自主创新能力，科技创新实现新突破，新质生产力加快形成，发展新动能不断增强。

"国之重器"加速涌现。C919国产大飞机成功迈入"双机商业运营"时代，国产大型邮轮圆满完成试航之旅，神舟家族在太空中展现接力风采，"奋斗者"号勇闯深海极限，全球首台16兆瓦海上风电机组成功并网发电，深中通道的海底隧道实现全面贯通——这一系列辉煌的突破性进展和标志性成果，无疑为我们带来了极大的振奋与自豪。这些闪耀着中国智慧、凝聚着中国力量的大国重器不断涌现，展现出我国实现高水平科技自立自强的信心和底气。

 **资料链接**

科技创新为发展注入澎湃动能

2023年5月28日，C919圆满完成首次商业飞行，中国人实现了自己的"大飞机梦"。C919大型客机是我国首款按照国际通行适航标准自行研制、具有自主知识产权的喷气式干线客机。C919大型客机带动形成了我国的民用航空产业链、价值链、创新链：22个省市、200多家企业、近20万人参与大型客机项目研制和生产；推动建立16家航电、飞控、电源、燃油和起落架等机载系统合资企业，提升了中国民用飞机产业配套能级。

11月4日，由中国船舶外高桥造船有限公司建造的首艘国产大型邮轮"爱达·魔都号"正式命名交付。航空母舰、大型液化天然气运输船、大型邮轮，被称为造船业皇冠上的"三颗明珠"，代表全球船舶工业的最高水平。现在，中国已集齐"三颗明珠"。国产首艘大型邮轮命名交付体现出我国强大的经济实力和齐全的整体工业门类，以及打造顶尖的集成类产品的能力。

11月28日，龙芯中科发布了新一代中央处理器（CPU）龙芯3A6000。龙芯采用完全自主研发的龙架构，不需要任何国外授权。新一代龙芯的性能已跟市场主流产品基本接轨，与国际最先进同类产品的差距缩小到3年。这标志着国产CPU在自主可控程度和产品性能上均已达到新高度，也证明了国内有能力在自研CPU架构上做出一流产品。

资料来源：《科技创新为发展注入澎湃动能》，载于《经济日报》2023年12月6日。

数字经济迅猛发展。2023 年我国数字经济展现出强劲的创新力。国家数据局的成立及相关政策的发布，推动了数据要素市场的逐步建立，我国数字经济规模跃居世界前列。国家统计局数据显示，2023 年我国数字经济核心产业增加值占国内生产总值（GDP）比重达 10%。同时，以 ChatGPT 为代表的"生成式 AI"在我国掀起 AI 浪潮，腾讯、百度等科技巨头纷纷推出国产大模型，标志着我国在人工智能领域的竞争力显著提升。

创新生态持续优化。2023 年我国科技体制改革持续深化，多项政策相继出台，营造出良好创新生态。3 月，组建中央科技委员会，重新组建科学技术部，作为党和国家机构改革的重要一步，为科技创新注入了新的活力；8 月，中共中央办公厅、国务院办公厅印发《关于进一步加强青年科技人才培养和使用的若干措施》，青年科技人才发展有了支撑"硬举措"；10 月，2023 世界女科学家大会在浙江省绍兴市开幕，助推科研"她力量"更好绽放；与此同时，《科技伦理审查办法（试行）》的正式实施为科技伦理风险防控扎好了"藩篱"，企业税惠"大礼包"提质升档助力科技创新……全社会支持创新、投入创新、参与创新、推动创新的热情高涨。

"这一年的步伐，我们走得很见神采"

2023 年，全国人民坚定信心、振奋精神，撸起袖子加油干、风雨无阻向前行，用勤劳的双手和诚实的劳动创造美好生活，把光荣和梦想书写在强国建设、民族复兴的新征程上，刻印在奋斗不息、前进不止的共同记忆中。

赛会浪潮"城"势而上。2023 年，成都大运会和杭州亚运会这两项国际大型综合赛事先后成功举办，共同汇入大国盛会的史册。特别是杭州亚运会是党的二十大胜利召开之后我国举办的规模最大、水平最高的国际综合性体育赛事，是史上规模最大、项目最多、覆盖面最广的一届亚运会，赋予了亚洲命运共同体新的"打开方式"。与此同时，赛事也对举办城市发展产生持续深远影响。以赛谋城、以赛兴城，通过打通从"竞技"到"经济"的逻辑联系，"赛事热"为经济高质量发展增添了新动能。在城市与赛事的双向奔赴与互相成就之中，凝聚起国家富强、民族振兴、人民幸福的共同梦想，折射着中国式现代化的万千气象。

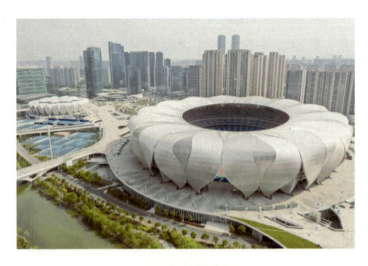

杭州亚运会主会场

文旅市场强势复苏。从假日旅游的人潮如织到电影市场的繁荣兴旺，无不体现出 2023 年中国文旅产业的活力与繁荣。随着一系列促进文旅产业发展和消费政策的出台，部分文旅业态不仅恢复至 2019 年同期水平，甚至超越了之前的业绩，展现出勃勃生机和丰富多彩的生活场景。热门景区人潮涌动，活力四射的"村超""村晚"刮起最"炫"民族风，演唱会和音乐节一票难求，充分彰显了大众对文化娱乐的热爱与追求。正如习近平主席在 2024 年新年贺词所强调的那样，"温暖的生活气息、复苏的忙碌劲头，诠释了人们对美好幸福的追求，也展现了一个活力满满、热气腾腾的中国。"

 典型案例

村"BA"赛事刮起最"炫"民族风

2023 年 3 月 25 日晚，随着一声哨响，贵州省首届"美丽乡村"篮球联赛总决赛在黔东南苗族侗族自治州台江县台盘乡台盘村开打。比赛从黄昏打到午夜，2 万多人的现场几乎无人离席，赛场周边的围墙上、梯子上、房顶上，全部挤满了观赛的群众。数万名观众挥舞手机电筒闪耀全场，就像万颗星辰点亮了夜空。

3 天 4 场比赛，网络直播累计观看量达数亿人次，相关话题占据各大社交媒体平台的热搜榜。在各大社交媒体平台上，网友们纷纷点赞。

一场乡村篮球赛为何如此火爆？篮球运动在贵州省黔东南州有着悠久的历史和广泛的群众基础。以台盘村为例，全村270多户1100多人中，约三分之二的村民有打篮球的习惯，在农闲和传统节日都会举办大大小小的篮球赛事。

最近两年来，"村BA"民间赛事成为贵州文明乡风新名片和群众文化新亮点。台盘村由举办乡村赛事到承办州级赛事、省级赛事乃至国家级赛事，不断得到全国各地的关注，并纷纷到"村BA"篮球场上展现各民族的文化风采。

接地气的"村BA"不仅吸引了来自全国各地的观众观赛，更是带火了当地的特色旅游。在"村BA"的带动下，很多游客到景区游玩，特别是吃、住、消费这方面，游客除了赏花，体验苗族风情以外，还购买了当地的苗族银饰、刺绣、剪纸等苗族特色产品。

资料来源：根据网络公开资料整理。

低碳生活渐成风尚。在绿色发展引领之下，我们看到绿色生活风尚正在走进社会的方方面面。绿色建筑逐渐融入人们的日常生活，我国新建绿色建筑面积占新建建筑的比例已超九成；绿色出行成为新风尚，中国新能源汽车跑出"加速度"，产销连续 8 年领跑全球；舌尖上的碳中和成为现实，碳中和牛奶、碳中和冰淇淋、碳中和奶粉、零碳蔬菜等纷纷出现在超市货架上；闲置物品循环利用蔚然成风，二手商品交易平台不断发展壮大，"90 后""00 后"成为二手商品交易主力军；绿色生活呈现多种"打开方式"，去户外骑行、"无痕"露营，吃饭点小份菜，减少使用一次性用品……可以说，绿色低碳正日益成为推动发展的关键词，引领着我国走向更加绿色、可持续的未来。

▶ 国际比较"风景这边独好"

看似寻常最奇崛，观察经济形势要比较地看。政府工作报告指出，2023 年中国国内生产总值（GDP）超过 126 万亿元，增长 5.2%，增速居世界主要经济体前列。比较来看，中国经济增速明显快于美国、欧元区、日本等国的经济增速，仍是全球经济增长重要引擎。

中国答卷精彩纷呈

放眼世界，外面风高浪急，寒意阵阵，形势不容乐观。在世界经济复苏乏力、全球贸易投资放缓、地缘政治风险上升等多重压力下，2023 年中国经济发展交出了一份亮眼答卷。

看 GDP，中国增速保持领先。2023 年美、德、日经济增速分别为 2.5%、-0.3%、1.9%，中国以 5.2% 的增速在全球主要经济体中保持领先。美国经济虽然取得了高于 2022 年的增速，并领先于其他发达经济体，但受高通胀率、美联储加息以及财政政策收紧等多重因素影响，其经济走向仍面临诸多不确定性。欧元区在 2023 年面临地缘政治紧张局势加剧、货币紧缩持续以及全球需求疲弱等挑战，经济增速仅为 0.5%，而曾经被誉为欧洲经济"火车头"的德国，其经济甚至出现了负增长。日本虽然实现了 1.9% 的经济增长，但受日元大幅贬值和长期经济低迷的影响，其名义 GDP 被德国超越，降至全球第四大经济体。中国 5.2% 的增速背后是消费市场的快速恢复。2024 年初，国家统计局表示，2023 年中国对世界经济增长的贡献率可能超过 30%，是世界经济增长的最大引擎。

看外贸，中国进出口整体保持正增长。面对全球经济复苏乏力、全球贸易投资放缓以及地缘政治风险上升等多重压力，中国外贸依然展现出强大的韧性。2023 年，中国进出口总值达到 41.8 万亿元，整体实现正增长。尽管出口增速相比前几年有所放缓，但这是在高基数上取得的成就。此外，中国"新三样"出口首次突破万亿元大关，跨境电商规模持续增长，外贸经营主体数量也首次超过 60 万家，显示出外贸新动能的蓬勃发展。

看物价，中国价格水平总体保持稳定。物价关系经济运行，影响百姓生活。2023 年全球通胀居高难下，美德日英等发达经济体在抗通胀和稳增长之间艰难平衡，这与物价涨势总体温和的中国形成了鲜明对比。美国的通胀压力虽有所缓解但仍然存在；德国全年通胀率达 5.9%，是德国统一以来第二高值，仅次于 2022 年创纪录的 7.9%；日本 CPI 上涨 3.1%，创下 41 年来新高。2023 年中国居民消费价格指数（CPI）比上年上涨 0.2%，物价运行保持总体稳定。

 资料链接

彭博社：中国将是未来 5 年全球经济增长最大贡献者

美国彭博社预测，中国将是未来 5 年全球经济增长的最大贡献者，贡献率将超过七国集团所有国家总和，几乎是美国的两倍。

彭博社根据国际货币基金组织（IMF）最新经济预测数据进行的计算显示，2024 年到 2029 年，在全球新增经济活动中，中国占比将达到 21% 左右，七国集团占比 20%，而美国占比接近 12%。

总体而言，未来 5 年全球经济增长的 75% 预计将集中在 20 个国家，其中中国、印度、美国和印度尼西亚四国将贡献全球经济增长的一半以上。

资料来源：《彭博社：中国将是未来 5 年全球经济增长最大贡献者》，载于《人民日报》2024 年 4 月 22 日。

中国制造世界圈粉

中国制造业的卓越优势，首要归功于其独树一帜的产业链体系。历经数十载的辛勤耕耘，中国已然崛起为世界范围内唯一覆盖联合国产业分类中全部工业门类的制造业大国。这一完整的工业体系为制造业的持续发展与创新提供了坚实基础。

依托于全面且庞大的规模优势，中国制造业正逐步由量的扩张转向质的提升，通过持续的技术革新和产业结构的优化调整，在产业链的每一个环节——从原材料供给到研发，再到生产、销售——均展现出日益增强的国际竞争力。同时，中国制造业在高端领域的突破尤为显著，转型升级的成效令人瞩目，其中装备制造业的迅猛崛起、国际竞争力的显著提升，以及汽车、高铁、卫星等标志性产品的涌现，均成了中国制造的新骄傲，向世界展示了中国制造的崭新面貌。

"老三样"焕发新生机。说到中国制造，很多人都能想到中国外贸出口的"老三样"：服装、家具、家电。"老三样"是消费品工业的重要组成部分，也是中国外贸竞争力优势的典型体现。从改革开放之初的奋起直追，到加入世界贸易组织后的快速发展，再到近年来坚定不移转型升级，"老三样"在全球产业变局中站稳了脚跟、夯实了优势。自成为中国外贸出口"主力军"后，"老三样"一直表现稳定：据新华网相关报道，中国年产服装700多亿件，占全球一半以上，纺织品服装出口额的全球占比多年保持在约1/3；2006年，中国成为全球最大的家具出口国，此后多年来始终保持出口第一，目前产值达全球 35% 以上；"中国造"冰箱、洗衣机的全球市场占比超过 50%，空调超过 80%，出口规模世界第一。近年来，中国的"老三样"更是加快高端化、智能化、绿色化转型，不断焕发新生机。

"新三样"展现新优势。在"老三样"焕发新生机的同时，中国的新能源汽车、锂电池、光伏产品等外贸"新三样"也凭借新技术、新产品脱颖而出，开始扬帆出海、叫响全球。根据海关总署统计数据显示，2023 年，中国电动载人汽车、锂电池和太阳能电池等"新三样"产品合计出口首次突破万亿大关，国际市场份额遥遥领先。2023 年，中国首次成为全球最大汽车出口国。中国每出口 3 辆汽车就有 1 辆是电动载人汽车，全年出口 177.3 万辆，增长 67.1%。中国光伏组件产量已连续 16 年位居全球首位，多晶硅、硅片、电池片、组件等产量产能的全球占比均达 80% 以上。

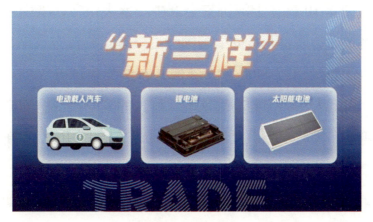

我国的"新三样"

《产销量位居全球第一　中国新能源汽车在海外市场受欢迎》

互利共赢美美与共

在百年变局加速演进的新形势下，经济全球化出现波折，保护主义抬头，多边贸易体制受到冲击，但中国始终奉行互利共赢的开放战略，构建面向全球的高标准自由贸易区网络，加快推进自由贸易试验区、海南自由贸易港建设和高质量共建"一带一路"，开放水平持续提升。

国际性展会搭建经贸交流平台。第六届进博会于 2023 年 11 月 5 日至 10 日在上海国家会展中心盛大举行，吸引了来自世界各地的参展企业。据中国国际进口博览局官方数据，此次参展企业数量超过 3400 家，参展国家遍及全球五大洲。德国的智能机器人、韩国的高端家电、秘鲁的羊驼玩偶、阿富汗的毛毯等众多优质产品以及超过 400 项新产品、新技术、新服务在此集中展示，累计意向成交金额高达 784.1 亿美元。与此同时，2023 年中国还举办了一系列高规格的国际性展会，如第三届消博会、第 133 届和第 134 届广交会、服贸会、第二届数贸会、首届链博会等，这些展会为全球货物、服务和数字贸易以及相关经贸活动提供了高质量的交流与合作平台。

第六届进博会场馆国家会展中心（上海）外景

面向全球的高标准自贸区网络不断扩大。2023 年中国在对外签署自贸协定方面实现了量质齐升，签署了与厄瓜多尔、尼加拉瓜、塞尔维亚等 3 个自贸协定和与新加坡自贸协定进一步升级议定书，形成"3 + 1"的丰硕成果。与洪都拉斯的自贸协定谈判取得早期收获，同时推进中国—东盟自贸区 3.0 版谈判，以及与海合会、秘鲁、新西兰、韩国等国家的自贸协定谈判或升级谈判。根据商务部数据，截至 2023 年底，中国已与 29 个国家和地区签署了 22 个自贸协定，自贸伙伴覆盖亚洲、大洋洲、拉丁美洲、非洲和欧洲，中国与自贸伙伴贸易额占外贸总额的三分之一，立足周边、辐射"一带一路"、面向全球的高标准自贸区网络初见成效。

中国（上海）自由贸易试验区地标——海鸥门

经贸伙伴"朋友圈"更加稳固。在发达经济体增长疲软和内部分化的背景下，中国与东盟继续保持互为最大贸易伙伴关系。2023年雅万高铁正式投入运营，这标志着东南亚地区迎来了其首条高速铁路，开启了区域交通新时代。与此同时，中老铁路作为连接中国与东南亚的物流"黄金大通道"，其重要性日益凸显，不断推动着双边在各领域的深入合作。此外，中国与拉美和非洲的贸易往来也取得了显著进展，进出口分别增长了6.8%和7.1%。

共建"一带一路"开启新阶段。"一带一路"打造了共同发展的合作平台，助力许多发展中国家加快了迈向现代化的步伐。2023年正值"一带一路"倡议提出10周年，10年来，共建"一带一路"拉动近万亿美元投资规模，形成 3000 多个合作项目，为共建国家创造 42 万个工作岗位，让近 4000 万人摆脱贫困。2023 年 10 月，第三届"一带一路"国际合作高峰论坛盛大召开，吸引了全球瞩目。来自 151 个国家和 41 个国际组织的代表齐聚一堂，共同回顾并总结了倡议过去十年的辉煌历程。此次论坛硕果累累，共达成了 458 项具体成果，并凝聚了各方关于高质量共建"一带一路"的重要共识。这一盛举不仅是对过去成就的肯定，更为开启共建"一带一路"的下一个辉煌"金色十年"奠定了坚实的基础，标志着新征程的序幕已经拉开。

▶ 新时代经济工作的智慧之钥

在新时代的浩瀚征途中，经济工作如同舵手之于巨轮，其方向之精准、力度之适宜，直接关系到国家发展的航程与速度。面对世界百年未有之大变局和中华民族伟大复兴战略全局，我们不仅要有"弄潮儿向涛头立"的勇气，更需把握规律，以"智"驭"势"，确保中国经济巨轮破浪前行。近年来在引领中国经济砥砺前行的实践中，我们党深化了新时代做好经济工作的规律性认识。在 2023 年底召开的经济工作会议上，习近平总书记将之概括为"五个必须"。

必须把坚持高质量发展作为新时代的硬道理。改革开放初期，我国经济发展面临诸多挑战，基础薄弱、技术落后、资金匮乏等问题亟待解决，于是"发展就是硬道理"成为深入人心、嵌入历史的时代话语。在这样的背景下，依靠需求侧"三驾马车"和大规模传统要素投入，我国经济实现了前所未有的快速增长，GDP 总量迅速跃升至世界前列。随着我们进入新时代，作为 GDP 排名世界第二的大国，我们所面临的问题从"有没有"转向"好不好"，进而"硬道理"的标准，从"发展"跃升到"高质量发展"。发展仍然是我们党执政兴国的第一要务，但新时代新阶段的发展必须贯彻新发展理念，必须是高质量发展。高质量发展也不是不要速度，而是要通过质的有效提升引领量的合理增长，通过量的合理增长支撑质的有效提升，实现更高质量、更有效率、更加公平、更可持续、更为安全的发展。

必须坚持深化供给侧结构性改革和着力扩大有效需求协同发力。如果把现代经济运行比作是一艘"船"，那么供给和需求就是这艘船的"两支桨"。没有需求，供给就无从实现，新的需求可以催生新的供给，比如，随着科技的进步和生活品质的提高，消费者对智能家居产品的需求不断增加，这种需求推动了智能家居技术的研发和应用，催生了智能家居设备制造商、智能家居系统解决方案提供商等新的供给；没有供给，需求就无法满足，新的供给可以创造新的需求，比如，智能手机的出现和普及不仅满足了人们基本的通讯需求，还通过其强大的功能和丰富的应用生态，创造了新的需求，如移动支付、在线购物、社交媒体互动、健康管理、在线教育等。强调在需求端和供给端同时发力，统筹扩大内需和优化供给，进而实现需求牵引供给、供给创造需求的更高水平动态平衡，是新时代我们党在领导经济工作实践中通过辩证地分析需求与供给这对矛盾所形成的一条非常重要的规律性认识。

必须坚持依靠改革开放增强发展内生动力。改革开放是一场深刻革命，是我们党的历史上一次伟大觉醒，是决定当代中国命运的关键一招，也是解放和发展生产力的关键一招。改革开放 40 多年来，我们始终依靠改革开放增强发展内生动力，有效激发起亿万人民群众奋起追求美好生活的强劲动力，激发起千千万万基层组织和经营主体创业创新创造的持久活力，无数个微观源泉汩汩流出的"源头活水"汇聚成奔涌前行的"大江大河"，汇聚成全球第二大经济体的"汪洋大海"，中国的发展实现了从赶上时代到引领时代的精彩蝶变。不过，从来就没有"毕其功于一役"的改革开放，改革开放是一项不中断的事业。在以中国式现代化全面推进强国建设、民族复兴伟业的关键时期，我们召开了党的二十届三中全会这个十分重要的会议，发出了将新时代改革开放进行到底的最强音。中国式现代化是在改革开放中不断推进的，也必将在改革开放中开辟广阔前景。

必须坚持高质量发展和高水平安全良性互动。发展和安全是一体之两翼、驱动之双轮。没有发展，安全就是无源之水、无本之木；没有安全，发展根基就不牢，也难以持续。高质量发展的每一个环节，都以安全为前提。特别是当前，世界百年未有之大变局加速演进，大国博弈更趋激烈，地缘政治冲突加剧，贸易保护主义沉渣泛起，经济全球化遭遇逆流。与此同时，我国国内发展不平衡不充分问题依然突出。因此，坚持高质量发展和高水平安全良性互动，统筹发展和安全，以新安全格局保障新发展格局，是新征程上应对世界之变、时代之变、历史之变的必然要求。只有推进高质量发展不停步，维护高水平安全不放松，才能推动中国经济巨轮乘风破浪、稳健前进。

必须把推进中国式现代化作为最大的政治。中国共产党人深刻把握基本国情和民心民意，经过百年探索和实践，成功推进和拓展了中国式现代化。在中国式现代化道路上，我们用几十年的时间走完了西方发达国家几百年走过的工业化历程，创造了经济快速发展和社会长期稳定的奇迹。新时代以来，在脱贫攻坚战场上，我们创造了人类反贫困斗争的伟大奇迹；在科研攻关前线，我们成就了"祝融"探火、"羲和"逐日、"北斗"组网等重大创新成果……实践证明，中国式现代化不仅走得通、行得稳，还能够最大程度汇集全体人民的智慧和力量，是强国建设、民族复兴的唯一正确道路。"我们已经走出一条光明大道，我们要继续前行。"在党中央的坚强领导下，只要我们锚定推进中国式现代化这一"最大的政治"，紧紧团结起最广大人民，聚焦经济建设这一中心工作和高质量发展这一首要任务，中国式现代化的宏伟蓝图定将一步步变成美好现实。

2 深刻把握经济工作总基调

——2024 年我国经济工作的目标要求和政策取向是什么？

　　随着全球经济的深度调整与变革，我国经济正处于转型升级的关键时期。站在新的历史起点上，2024 年我国经济工作的目标要求和政策取向备受瞩目。在这一年，我们肩扛的不仅是确保经济之舟平稳航行的重任，更是怀揣着对高质量发展的炽热追求。2024 年我们经济增长预期目标定为 5%，这不仅是对"稳中求进"战略定力的精准诠释，更是我国经济强大韧性与无限活力的生动映照，彰显了我们在复杂多变环境中依然能够稳健前行、蓄势待发的强大自信。

2023 年 12 月召开的中央经济工作会议提出要"坚持稳中求进、以进促稳、先立后破",指引我们精准把握"稳"与"进"的微妙平衡,巧妙运用"破"与"立"的辩证艺术,通过政策配合同向发力,汇聚起推动经济发展的磅礴力量,确保 2024 年的经济航船能够乘风破浪,直抵胜利的彼岸。

▶ 经济增长预期目标为什么定为 5%

2024 年,我们迎来中华人民共和国成立 75 周年,同时也进入了实现"十四五"规划目标任务的关键阶段。在这一背景下,保持经济增长的稳定性和可持续性显得尤为重要。《政府工作报告》将 2024 年国内生产总值增长目标定在 5% 左右。这一目标体现了我们在设定经济发展目标上一贯的思路:兼顾需要和可能,既积极进取,又稳妥务实,通过经济增长目标的设置稳定市场预期,让中国的经济发展整体保持平稳发展的态势。

5% 的增速立足当前、着眼长远

我们把 2024 年经济增长目标定为 5% 左右,是综合考虑了各方面因素,包括国内国际形势、需要与可能等,也深入考虑了促进就业增收、防范化解风险等现实需求,并与"十四五"规划及基本实现现代化的宏伟蓝图相衔接,可以说是立足当前、着眼长远而制定的。

从当前需要来看，这个目标体现了促进就业增收、防范化解风险的需要。扩大就业、提高居民收入以及防范化解各类风险，均离不开稳定且适度的经济增长。如果经济增速过低，不仅充分就业的目标将变得难以实现，而且社会经济中的风险因素也会相应增多。观察近些年经济增长与就业的联动，要实现较为充分的就业，完成城镇新增就业目标和城镇调查失业率目标，2024 年我国经济增速需要保持在大约 5% 的水平。这一增速不仅能够为社会创造一定的就业机会，确保居民收入稳步增加，从而改善民生，提高人民的生活品质，同时也为经济结构调整和风险防范化解提供有利条件。

从长远或者从中长期来看，这个目标与基本实现现代化的目标相衔接。党的二十大报告已经明确，到 2035 年基本实现社会主义现代化，其中一个很重要的标志就是人均国内生产总值要达到中等发达国家水平，虽然目前并没有关于中等发达国家的统一标准，但参考各国的发展历程，我们可以大致确定一个门槛值。经过专家的深入研究和综合测算，得出结论：从现在到 2035 年，为了实现社会主义现代化，我国经济大体需要保持在 5% 左右的经济增速。

到 2035 年基本实现社会主义现代化

5%的增速既积极、又稳妥

经济增长预期目标的设定，在宏观层面上对于政策方向的选择和制定具有决定性的影响，并在微观层面对企业安排生产经营计划发挥着关键的导向作用。若增长预期目标设定得偏低，可能无法有效地稳定市场预期和信心，进而影响经济的稳健发展。然而，如果目标设定得过高，虽然体现了积极进取的态度，但在实际操作中可能面临难以达成的挑战，甚至可能带来不必要的经济压力。5%左右的 GDP 增速目标，既反映了经济增长的潜在能力和现实支撑条件，也彰显出国家积极进取、奋发有为的坚定决心。

从积极方面来看，这个目标充分考虑了经济增长潜力，体现了积极进取、奋发有为的要求。2023 年 GDP 增速目标同样设定为 5%左右，但相比之下，2024 年实现这一目标所面临的挑战更为严峻。2023 年的增长是建立在上年经济增长 3%的基础上，基数较低，加之疫情防控平稳转段后经济活力的释放，使得增长相对容易实现。然而，对于 2024 年来说，要实现 5% 左右的增长，必须建立在 2023 年已取得的 5.2% 增速之上，这无疑增加了实现的难度。但正是这样的目标设定，更有利于凝聚各个方面的干劲，激发我国的经济增长潜力。

从稳妥方面来看，这个目标充分考虑到了困难和挑战，体现了底线思维。 在历经疫情冲击的三年中，我国经济依然实现了平均 4.5% 的增长，这一显著成绩充分展现了我国经济的强大韧性和深厚潜力。随着疫情逐渐平稳转段，社会各界普遍预期总需求将呈现恢复性增长。考虑到 2024 年我国经济仍处于恢复期，将增长预期目标设定为 5% 左右，这一目标与 2023 年的实际增速相近，不仅保持了年度预期目标的连续性和稳定性，同时也基于对当前经济形势的深入分析和判断，是较为科学合理的。将 GDP 增速目标设在 5% 左右，是基于底线思维的考量，我们充分预见到可能遇到的困难和挑战。正如政府工作报告所指出，世界经济增长动能不足，地区热点问题频发，外部环境的复杂性、严峻性、不确定性上升。我国经济持续回升向好的基础还不稳固，有效需求不足，部分行业产能过剩，社会预期偏弱，风险隐患仍然较多，国内大循环存在堵点，国际循环存在干扰，所以对困难和挑战也要有充分估计。

5% 的增速有条件、有支撑

2024 年的 5% 增速目标，是基于充分的条件和坚实的支撑而提出的。我国经济拥有强大的内需市场、丰富的人力资源以及稳定的政治环境等多重优势，这些都是推动经济持续增长的坚实基础。同时，政府也出台了一系列政策措施，如优化营商环境、促进科技创新等，以进一步激发市场活力，增强经济发展的内生动力。

从短期基本面来看，我国经济总体展现出回升向好的积极态势。疫情带来的"疤痕效应"正在逐步减弱，各类经营主体和人民群众的生产生活已全面恢复。居民消费升级的趋势依旧强劲，市场信心逐渐回暖，新业态和新模式不断涌现，有效需求不足的问题正在逐步得到缓解。防范化解风险方面，在房地产、地方债务、中小金融机构等领域已取得积极成效，整体上，经济发展中的不利因素正趋于弱化。

📚 名词解释

"疤痕效应"，简单来说，是指过去遭受创伤，即便伤口愈合后，仍然会对人的心理和外界认知等产生影响。经济学家认为，疫情客观上会对经济、人类心理以及其他方面产生一定影响，形成"疤痕效应"。比如，疫情"过峰"后的一段时间内，企业对未来的预期仍不客观，偏离实际情况，居民消费心理也受到影响，消费行为受到抑制，等等。

资料来源：《提防"疤痕效应"，激活消费潜能》，新华报业网，2023 年 1 月 12 日。

从中长期支撑条件看，我国的发展前景依然充满诸多有利因素。我们拥有显著的制度优势、需求优势、供给优势以及人才优势。科技创新能力持续提升，新动能不断壮大，这些都使得我国经济的抗冲击能力和韧性持续增强。中国经济的优势还在于其超大规模的市场需求、完善的产业体系和丰富的高素质劳动者资源。例如，近年来新兴产业的蓬勃发展势头一年比一年强劲，新能源汽车行业在短短十余年间实现了从无到有的飞跃，2023 年产销量突破 900 多万辆，占全球市场份额超过 60%，充分展示了中国经济的活力和潜力。由此可见，我国经济长期向好的基本趋势不仅没有改变，而且未来也不会改变。

观众在广州车展上参观

从宏观政策看，政策力度对 2024 年总需求增长会形成一定支撑。财政政策加码，地方专项债较上年增加 1000 亿元，赤字规模较 2023 年初预算增加 1800 亿元，并发行 1 万亿元超长期特别国债促增长。货币政策将维持流动性合理充裕，匹配经济增长与物价目标。政策间协同将增强，确保合力稳增长。此外，我国财政金融状况总体稳健，基本面坚实，宏观政策依然具备较大的调整空间。如果未来经济形势出现超预期的变化，我国宏观政策工具箱内仍储备有充足的政策工具可供使用，以应对各种不确定性和风险挑战，确保经济的平稳运行和持续健康发展。

 **资料链接**

超长期特别国债问答

◇什么是超长期特别国债？

"国债"是国家为了筹集财政资金而发行的一种政府债券，具有最高的信用度，被公认为是最安全的投资工具。

"特别"说的是资金用途。它是为特定目标发行的、具有明确用途的国债，资金需要专款专用。根据政府工作报告，这次提到的超长期特别国债，目标是促进经济持续回升向好。

"超长期"指的是期限。在债券市场上，一般认为发行期限在10年以上的利率债为"超长期债券"。和普通国债相比，超长期债券能够缓解中短期偿债压力，以时间换空间。

◇如何理解发行超长期特别国债？

政府工作报告明确：为系统解决强国建设、民族复兴进程中一些重大项目建设的资金问题，从今年（2024 年）开始拟连续几年发行超长期特别国债，专项用于国家重大战略实施和重点领域安全能力建设。

拟连续几年发行超长期特别国债，是党中央、国务院着眼强国建设、民族复兴战略全局，作出的一项重大战略决策部署，利当前、又惠长远，不仅可以拉动当前投资和消费，还能打下长期高质量发展的基础。

从主要投向看，超长期特别国债将聚焦强国建设和民族复兴进程中的大事难事。初步考虑，将重点支持科技创新、城乡融合发展、区域协调发展、粮食能源安全、人口高质量发展等领域建设。

资料来源：《如何理解发行超长期特别国债?》，新华网百家号，2024 年 3 月 7 日。

▶ 在"稳"与"进"、"破"与"立"中实现更好发展

坚持稳中求进、以进促稳、先立后破，是以习近平同志为核心的党中央统揽全局提出的指导做好各项工作的重要遵循，是实现 2024 年经济社会发展目标需要在工作中把握的重要方面，为推动经济社会发展行稳致远提供了科学的方法论指引。"稳中求进、以进促稳、先立后破"，体现了对"稳"与

"进"、"立"和"破"辩证关系的深刻把握。

"稳"与"进"：固本筑基，蓄力前行

稳是大局，通过出台有利于稳预期、稳增长、稳就业的政策，在经济回升向好、社会发展稳定的基础上，为"进"创造稳定的发展环境；进是方向，在转方式、调结构、提质量、增效益上积极进取，通过经济结构、发展质量、重大改革等方面的"进"，不断巩固稳中向好的基础。

稳中求进，要把"稳"作为大局和基础。2023年3月6日，习近平总书记在看望参加政协会议的民建工商联界委员时指出，"稳中求进、积极作为，就是大方向要稳，方针政策要稳，战略部署要稳，在守住根基、稳住阵脚的基础上积极进取，不停步、能快则快，争取最好结果。""稳"，意味着保持定力，不盲目冒进，不随波逐流。在经济发展的浪潮中，面对外部环境的不确定性和内部结构的深刻调整，唯有稳住经济大盘，确保就业、物价等民生指标稳定，才能为深化改革、扩大开放创造有利条件。政策制定需审时度势，既要考虑短期效应，更要兼顾长远发展，以稳健的步伐推动经济社会持续健康发展。特别是像我国这样大体量的经济体，一年的经济增量相当于一个中等国家一年的经济总量。保持经济运行在合理区间，巩固和增强经济回升向好态势，充分保障就业民生，才能为"进"创造稳定发展环境。

招聘会现场

　　以进促稳，要把"进"作为方向和动力。"进"，代表着创新与突破，是应对挑战、把握机遇的关键。在全球化深入发展、科技日新月异的今天，唯有不断进取，才能在激烈的国际竞争中占据一席之地。通过技术创新、产业升级、模式变革等手段，我们可以激发经济增长的新动能，为经济稳定提供强有力的支撑。这种"进"，不仅能够解决当前面临的问题，更能为未来的发展奠定坚实基础。同时，"进"也是社会进步的重要驱动力。随着社会的进步和人民生活水平的提高，人民群众对美好生活的向往日益增强。这要求我们必须不断前进，努力满足人民群众日益增长的需求，推动社会各项事业全面发展。通过教育、医疗、文化等领域的不断进步，我们可以提升人民群众的获得感、幸福感、安全感，从而进一步巩固社会稳定的基础。

"破"与"立"：破立并举，革故鼎新

中国成语中有"不破不立""大破大立"等词汇，深藏着"破"与"立"的哲理。正如毛泽东同志所言："我们不但善于破坏一个旧世界，我们还将善于建设一个新世界。"这句话凝聚了"破"与"立"的辩证关系，揭示了历史前进的必然规律。

下好"立"的功夫。"立"，就是立思想、立战略、立目标、立制度、立标准。有了"立"，我们的工作才有方向、指引与遵循。在经济实践层面上，"立"侧重于推进创新，即创新和发展新产业、新业态。包括以科技创新引领产业创新，实现产业结构的优化，加快发展战略性新兴产业与未来产业等。要真正立得稳、立得住，就要坚持从实际出发，因地制宜、分类指导，根据本地的资源禀赋、产业基础、科研条件等，有选择地推动新产业、新模式、新动能发展，积极促进产业高端化、智能化、绿色化。

做好"破"的文章。"破"，就是破体制机制堵点、破落后低效产能，包括对传统产业、旧有技术的改造和升级，对落后产能和过时技术的淘汰，从而为发展新质生产力创造更多条件和空间。也包括经济体制、科技体制等改革的深化，畅通教育、科技、人才的良性循环，使其与新质生产力相适应相协调。破还体现在打破传统观念束缚，打破常规思维惯性，敢于尝试新技术和新方法，营造鼓励创新、宽容失败的良好氛围。"破"要注意"时""度""效"，习近平总书记在 2022 年两会

期间参加内蒙古代表团审议时强调，"不能把手里吃饭的家伙先扔了，结果新的吃饭家伙还没拿到手，这不行。"要等待发展条件具备和时机成熟才能"破"，不能盲目超前和消极滞后；要坚持适度原则和循序渐进，不能"过犹不及"；要坚持目标导向，讲究实效，不能为"破"而"破"。

2023 中国国际数字经济博览会在石家庄正定开幕

 **资料链接**

"要算大账、算长远账、算整体账、算综合账"

习近平总书记曾饶有兴致分享过这么一则故事："孙中山当年讲过一个有趣的故事，讽刺一些人。有一个干苦力的，平常拿一根竹竿给人挑东西。有天买了张彩票，把彩票藏竹竿里了，突然发现自己的号码中了头彩，一高兴就把竹竿扔江里去了，心想这辈子再也不用干这种苦力了。结果到领奖处才发现彩票已经随竹竿扔到江里了。这就是竹篮打水一场空。"万物得其本者生，百事得其道者成。总书记语重心长："办事情一定要掌握这么一个原则，一定要算大账、算长远账、算整体账、算综合账。"

资料来源：《"不能把手里吃饭的家伙先扔了"》，载于《人民日报》2022 年 3 月 6 日。

"稳"舵前行，"进"击未来：我国破立之道的生动实践

面对复杂多变的国内外环境，我国坚持稳中求进的工作总基调，巧妙地在"稳"与"进"、"破"与"立"之间寻找着最佳平衡点。从经济结构的优化升级，到金融体系的破旧立新；从乡村振兴的稳步推进，到生态文明建设的扎实步伐，我国以实际行动展示着如何在"稳"与"进"的辩证统一中，实现"破"与"立"的华丽转身。

在传统产业转型升级过程中，我国积极推动数字经济与传统产业深度融合，既稳住了传统产业的根基，又通过创新实现了产业升级。以制造业为例，许多企业通过引入智能制造、工业互联网等技术，不仅提升了生产效率和产品质量，还开辟了新的市场和服务模式。这种在"稳"传统产业基础之上的"进"，对旧有生产模式束缚的"破"，以及数字化、智能化新体系的"立"，为经济高质量发展注入了强劲动力。

海尔卡奥斯 COSMOPlat "智能 5G 大规模定制验证平台"

在乡村振兴战略实施过程中，我国既注重稳定农村基本经营制度，保障农民土地权益，又积极推进农业现代化、农村产业融合发展等"进"的举措。例如，通过土地流转、合作社经营等方式，稳定了农业生产关系，同时引入现代科技和管理手段，提高农业生产效率和附加值。此外，还大力发展乡村旅游、农村电商等新业态，打破了传统农业的单一结构，立起了多元化的农村产业体系。

在金融体系改革过程中，不断破除旧的体制机制障碍，同时立起适应新时代要求的金融体系。例如，在利率市场化、汇率形成机制改革等方面，通过逐步放开管制、引入竞争机制，打破了原有金融市场的垄断格局，提高了金融资源的配置效率。同时，加强金融监管、防范金融风险，确保了金融体系的稳定运行。此外，还积极推动金融科技发展，如数字货币、区块链等技术的应用，为金融业的发展注入了新的活力。

在环境保护与经济发展的平衡中，我国既坚持稳住生态环境质量不放松的底线，又通过进一步推动绿色发展、循环经济等理念的实施，实现了经济社会的可持续发展。例如，通过实施严格的环保法规、加大环保投入等措施，有效遏制了环境污染和生态破坏的趋势。同时，鼓励企业采用环保技术、开发绿色产品，推动了绿色产业的发展和壮大。这种破除传统高污染、高能耗发展模式的束缚，立起绿色、低碳、循环发展的新路径，为经济社会的长远发展奠定了坚实基础。

青海省海南州绿色产业发展园区

▶ 增强宏观政策取向一致性

2023 年底举行的中央经济工作会议明确提出 2024 年经济

工作的总体要求和政策取向，强调"要增强宏观政策取向一致性"。党的二十届三中全会提出要完善政策统筹协调机制，"围绕实施国家发展规划、重大战略促进财政、货币、产业、价格、就业等政策协同发力"。可见，增强宏观政策取向一致性并非简单等同于各部门加强政策的协调配合，而是要在更高维度上强化政策统筹，实施最优政策组合，确保各类政策形成合力，以最大程度提升宏观政策的整体调控效果，保障国家战略规划的顺利实施。

为什么要增强宏观政策取向一致性？

政策作为经济航船的舵手，其方向的一致性是确保航向稳定、避免偏离航道的关键，特别是面对国际国内环境发生的深刻复杂变化，任何政策间的脱节或矛盾都可能成为制约经济增长的绊脚石。因此，增强宏观政策取向一致性，不仅是提升政策执行效率、优化资源配置的必然要求，更是推动经济高质量发展、实现国家长远战略目标的坚实保障。

增强宏观政策取向一致性有利于实现改革发展目标。政策的作用在于推动改革发展。一方面，经济社会发展是一项系统工程，其宏观政策也是一个复杂体系。在这个复杂体系中，一项政策虽然侧重于某一领域，但又会对其他领域产生直接或间接的影响。另一方面，随着改革进入深水区，"各自为战"式的改革已难以适应发展实践的需要，进一步全面深化改革要更加注重系统集成。因此，宏观政策的取向应当也必须体现"一致性"，服务于经济社会改革发展总体目标任务，这是坚持系统观念的必然要求。

 高层声音

改革要更加注重系统集成，坚持以全局观念和系统思维谋划推进，加强各项改革举措的协调配套，推动各领域各方面改革举措同向发力、形成合力，增强整体效能，防止和克服各行其是、相互掣肘的现象。

——习近平总书记2024年5月23日在山东济南主持召开企业和专家座谈会时的重要讲话

增强宏观政策取向一致性有助于稳定预期。市场参与者，无论是企业家、投资者还是消费者，都依赖于政策的稳定性和可预测性来做出长期决策。当宏观政策在目标设定、实施路径和效果评估上展现出高度的一致性时，市场能够形成清晰、稳定的预期，这有助于减少因政策变动带来的不确定性风险，激发市场主体的积极性和创造力。反之，若政策相互之间存在不一致甚至是矛盾冲突，不仅会增加市场主体的决策成本，还可能引发市场波动和悲观情绪，对经济稳定增长构成威胁。因此，增强宏观政策取向一致性，不仅是政府治理能力现代化的体现，更是维护市场信心、促进经济平稳健康发展的重要基石。

增强宏观政策取向一致性有助于强化政策统筹。当前，我国发展正从以增长目标为主的阶段转向增长目标、民生目标、安全目标等多目标阶段，这意味着政策越来越多元化，不仅包括经济部门制定实施的经济政策、市场监管政策等，还包括教育、科技、卫健、环境等部门出台的非经济类政策和社会政策，对经济产生的影响也越来越大。但由于对多元目标没有明确作出分层分类、轻重缓急的排序，往往都是齐头并进地推进，就容易出现"合成谬误"的问题，也就是说，从各部门来看，每项政策都有一定道理，但当齐头并进地实施时，可能就错了。这是因为政策制定时，各个部门可能只考虑自己的目标，导致政策和政策之间存在"烟囱"或"深井"现象，彼此互不连通。所以，我们需要通过增强宏观政策的一致性，让各个部门的政策都协调起来，形成合力，共同推动经济发展。

如何增强宏观政策取向一致性？

当前，我国政策工具体系涉及多元目标的实现和多元政策主体的互动，对不同政策工具的系统集成提出了更高要求。无论是在制定阶段还是执行阶段，各项政策都应该体现出一致性，在转变发展方式、调整经济结构、提高发展质量、增加经济效益上积极进取，确保我们中国式现代化的宏伟蓝图一步步变成美好的现实。

要从国家发展大局的角度来考虑宏观政策取向的一致性。

什么是国家发展大局？简单来说，就是以中国式现代化全面推进强国建设、民族复兴的伟大目标。这是全党全国各族人民在新时代新征程的中心任务。这意味着我们要从中国式现代化的角度出发，聚焦于经济建设这一中心工作和高质量发展这一首要任务，高质量地设计政策，加强政策统筹协调，创新和完善宏观调控，保障国家发展规划和重大战略的顺利实施。比如，大力发展实体经济，需要激励金融机构扩大对实体经济的中长期贷款、发展直接融资工具、完善要素市场制度和规则、降低综合成本和税费负担等，综合施策。只有强化政策协调和工作协同，打好宏观政策组合拳，才能提升宏观调控科学性和有效性。

着力强化经济政策和非经济性政策取向的一致性。实践证明，有些政策涉及文化、教育、民生、生态等非经济领域，却有可能对经济运行造成直接或间接的影响。所以，政策取向一致性应当兼顾经济政策和非经济政策，确保其符合宏观调控方向，聚焦经济稳定增长与高质量发展，努力寻求最佳组合方案。比如，在推动绿色发展的过程中，可以注重环保政策与经济政策的协调配合。通过实施排污许可制度、环境税等环保政策，引导企业减少污染排放；同时，通过提供绿色信贷、绿色债券等金融支持措施，鼓励企业加大环保投入和绿色技术创新。

典型案例

钢铁行业超低排放改造：环保政策
与宏观政策取向一致的典范

中钢协统计数据显示，截至 2023 年底，完成超低排放改造的企业利润率是其他企业的 2.6 倍。与 2018 年超低排放改造前相比，全国钢铁产能集中的 10 个城市 PM2.5 浓度平均下降 24%，促进了重点区域和全国环境空气质量明显改善。与此同时，还累计拉动社会有效投资超 6000 亿元，带动了环保及相关产业快速增长。比如超低排放要求清洁运输比例达到 80% 以上，于是带动了我国新能源重卡快速发展。2022 年，我国新能源重卡销量全球第一，同比增长 154%，主要集中在钢铁大省。钢铁行业超低排放改造涉及经济政策、交通政策、产业政策、科技政策、环保政策等，取得的成效也是经济、社会、环境多方面的，为其他重点行业提供了有益借鉴。

资料来源：《把环保政策纳入宏观政策取向一致性评估》，载于《中国环境报》2024 年 7 月 26 日。

注重保持政策制定和政策执行的动态一致性。在实际的经济运行中，有时经营主体会感觉到宏观政策的不一致性。这种不一致性可能来自不同政策之间的冲突，也可能是政策制定前后不一致，或者是政策执行时和规定的不符。这些问题如果处理不好，就会让政策变得不稳定和不确定。为了确保宏观政策的一致性，我们需要从政策制定、解读、执行到评估的每一个环节都加强管理，形成一个完善的工作机制。要好好评估宏观政策的一致性，把非经济性的政策也考虑进来，精准评估各种政策的影响和叠加效果。也要准确解读政策，确保宏观政策的一致性要求贯穿政策制定和实施的整个过程，确保政策的最终效果符合党中央的决策意图。

3 新时代呼唤新质生产力

——如何正确理解新质生产力？在新时代的高质量发展进程中要在哪些方面培育壮大新质生产力？

华夏大地，新质生产力澎湃向前，从广袤原野到繁华都市，从生产车间到研发场所，从辽阔大洋到浩瀚太空，处处涌动着发展新质生产力的热潮。发展新质生产力、推动高质量发展的生动实践，描绘着中国式现代化的新图景。未来已经到来，奋斗成就梦想。我们要深刻把握、认真贯彻落实习近平总书记关于发展新质生产力的重要论述，真抓实干、开拓进取，在强国建设、民族复兴的新征程上，做好发展新质生产力这篇大文章。

从 2023 年在地方考察时首次提出"新质生产力"这一全新概念，到在 2024 年中央经济工作会议部署"发展新质生产力"；从在主持中央政治局集体学习时对新质生产力进行系统阐述，到在全国两会上强调"因地制宜发展新质生产力"……习近平总书记创造性提出发展新质生产力重大论断，对新时代新征程推动高质量发展、推进中国式现代化具有重大现实意义和深远历史意义。

▶ 时代之问，新质作答

面对快速变化的世界和中国，如果墨守成规、思想僵化，没有理论创新的勇气，不能科学回答中国之问、世界之问、人民之问、时代之问，不仅党和国家事业无法继续前进，马克思主义也会失去生命力、说服力。新时代呼唤新理论，新理论引领新实践。进入新时代以来，我们全面贯彻新发展理念，不断深化对我国经济发展阶段性特征和规律的认识，更加强调发展的高质量。高质量发展成为主旋律，是新时代的硬道理。习近平总书记统筹中华民族伟大复兴战略全局和世界百年未有之大变局，准确洞察和把握世界科技和经济发展趋势，加快建设现代化强国，需要用新的生产力理论来回答。

如何面对全球新一轮科技革命、产业变革乃至格局重塑？

回溯全球工业变革进程，我们已经经历了三次工业革命。第一次工业革命起源于英国，以蒸汽机的广泛应用为标志，催生了纺织、煤炭、钢铁、化学工业等新兴产业，极大提高了生产效率。人类进入"蒸汽时代"，大机器生产代替了手工生产，吸引大量劳动力从农村迁往城市，开启了城市化进程。第二次工业革命从 19 世纪 70 年代开始，几乎同时发生在美、德、英、法、日等多个先进的资本主义国家，主导技术是电力和内燃机技术。催生了电力、汽车、造船、石油、化工等新兴产业，推动了纺织、钢铁等传统产业进步，流水线标准化大规模生产的工厂规模扩大。人类由此进入了"电气时代"。20 世纪的第三次工业革命则以计算机信息技术、生物工程等为代表，开创了"信息时代"。信息产业成为世界经济的第一大产业，信息化进程大幅度提高了传统产业效率。

第四代大科学装置"合肥先进光源"

我们发现，重大科技革命和产业变革是推动国际格局大调整的重要原因，一个国家能否把握住科技革命的战略机遇，成为一个国家兴衰的关键。前三次工业革命都由西方国家主导，中国由于错失机会，陷入落后挨打的被动境地。当前，全球科技创新再次进入空前密集活跃的时期，各国均站在了新的起跑线上。如何把握科技创新的脉动搭上未来产业发展的快车？如何依托前沿技术与新兴产业的蓬勃兴起，在日益激烈的国际竞争中稳固自身地位，实现跨越式发展？如何在经济、政治、社会、文化等综合国力竞争中实现自身发展目标？面对这些发展问题，如何快速找到发展方向，这是各国共同面临的难题。

如何跨越障碍，破除发展瓶颈？

新中国成立以来，我国经济社会发展主要经历了三个发展阶段。

社会主义革命和建设时期：新中国成立后，被长期战争严重破坏的国民经济得到全面恢复，中国共产党领导全国人民进行了全面的社会主义建设，初步建立和发展了社会主义制度，建立和形成了比较完整的工业体系和国民经济体系，为社会主义现代化建设提供了重要物质基础。

改革开放和社会主义现代化建设时期：党的十一届三中全会后，党和国家的工作重心转移到经济建设上来，开启了改革开放和社会主义现代化建设新时期。党的十三大确定了党在社会主义初级阶段"三步走"战略，党的十四届三中全会确定了建立社会主义市场经济体制基本框架的要求。党的十六大以后，中国经济在前期改革开放的基础上经历了前所未有的高速增长，实现了从生产力相对落后的状况到经济总量跃居世界第二的历史性突破，实现了人民生活从温饱不足到总体小康、奔向全面小康的历史性跨越。

中国特色社会主义新时代：党的十八大以来，我党全面贯彻新发展理念，不断深化对我国经济发展阶段性特征和规律的认识，更加强调发展的高质量，党的十九大报告宣告"我国经济已由高速增长阶段转向高质量发展阶段"，党的二十大报告强调"高质量发展是全面建设社会主义现代化国家的首要任务"。推动高质量发展成为全党全社会的共识和自觉行动。

目前我国在推进高质量发展方面仍有不少体制机制障碍和卡点瓶颈。原始创新能力还不强，产业体系整体大而不强、全而不精，关键核心技术受制于人的状况没有根本改变；城乡区域发展和收入分配差距仍然较大；有效需求不足、国内大循环存在堵点；确保粮食、能源、产业链供应链可靠安全和防范金融风险还须解决许多重大问题；群众在就业、教育、医疗、托育、养老、住房等方面面临不少难题；生态环境保护任务依然艰巨；治理体系和治理能力还不完全适应经济社会发展需要；等等。面对这些前进中的问题，如何走好高质量发展之路，是当今中国必须解决好的重大现实问题。

深中通道

发展新质生产力给出了响亮回应

如何科学回答中国之问、世界之问、人民之问、时代之问，习近平总书记不断深化对马克思主义理论的认识，提出了关于新质生产力的一系列重要论述和重大部署，这是对人类社会发展规律和时代发展大势的深刻把握，是对马克思主义生产力理论的创新和发展，进一步丰富了习近平经济思想的内涵。

新质生产力是马克思主义生产力理论的新探索、新突破。生产力与生产关系一直以来都是中国共产党非常重视的命题。1956年，毛泽东同志提出，社会主义革命的目的是为了解放生产力。1988年，邓小平同志提出，科学技术是第一生产力。2000年，江泽民同志提出，中国共产党始终代表中国先进生产力的发展要求，始终代表中国先进文化的前进方向，始终代表中国最广大人民的根本利益。2007年，胡锦涛同志提出，充分发挥科学技术作为第一生产力的作用。"新质生产力"是党的十八大以来，习近平总书记首次就生产力与生产关系问题提出重要论断。新质生产力理论在马克思主义生产力理论的基础上进行了创新，强调了科技创新在生产力发展中的核心作用，深化和拓展了马克思主义生产力理论的内涵，开拓了马克思主义生产力理论的新境界。

资料链接

生产力的研究历程

生产力的概念最早是由法国医生魁奈于 1757 年提出的，他认为，具有生产性的劳动只有农业劳动，他所说的生产力实际上指的是土地生产力。随后，英国著名经济学家亚当·斯密对这一观点又做了阐释，他强调了分工的重要性，认为分工可以提高劳动生产率。李嘉图在继承魁奈的"土地生产力"观点和斯密的"劳动生产力"概念的基础上，又进一步提出"劳动生产力"概念。19 世纪初，弗里德里希·李斯特，否定了英国古典经济学家的劳动价值理论，提出了自己独立的生产力理论，其中着重探讨了一个国家发展生产力的重要性以及应该如何发展国家综合生产力等问题。马克思、恩格斯登上生产力研究的历史舞台后，结束了单纯研究生产力的历史，他们纠正了前人研究生产力的不足，并把生产力的研究提高到了今天的水平。马克思、恩格斯在生产力研究方面的突出贡献首先在于马克思不再孤立地考察生产力，而是站在生产力与生产关系的联系视角，把生产力作为决定生产关系的原因；其次，建立了经济基础的概念，把经济基础作为决定上层建筑的原因。由此，揭示了社会问题最根本的规律。

资料来源：根据网络公开资料整理。

新质生产力是应对百年未有之大变局和新一轮科技革命、产业变革的有力武器。一方面，当前世界百年未有之大变局加速演进，国际形势变乱交织，逆全球化思潮抬头，单边主义、保护主义明显上升，局部冲突和动荡频发，全球性问题不断加剧。西方国家推动"再工业化"和"制造业回归"，其他发展中国家竞相加快推进工业化进程，全球产业发展和分工格局深刻调整。来自外部的打压遏制不断升级，特别是美国大搞"小院高墙""脱钩断链"，频频对我国进行科技打压，遏制我国高新技术和产业发展。另一方面，世界主要国家都在大力发展新兴产业和未来产业，抢占新一轮科技革命和产业变革制高点。我们必须以科技创新驱动生产力迭代升级，以新质生产力赋能产业深度转型升级，持续形成经济高质量发展新动能新空间。

新质生产力是指导高质量发展的根本遵循。习近平总书记在二十届中央政治局第十一次集体学习时明确强调："高质量发展需要新的生产力理论来指导，而新质生产力已经在实践中形成并展示出对高质量发展的强劲推动力、支撑力，需要我们从理论上进行总结、概括，用以指导新的发展实践。"当前我国经济已由高速增长阶段转向高质量发展阶段，随着人口总量和结构、房地产市场供求关系等发生重大变化，以及工业化、城镇化发生阶段性变化，要深刻领会和落实好发展新质生产力这一推动高质量发展的内在要求和重要着力点。

搭载嫦娥六号探测器的长征五号遥八运载火箭
在中国文昌航天发射场成功发射

▶▶ 向"新"而行，以"质"致远

2023 年以来，习近平总书记就发展新质生产力作出一系列重要论述，深刻回答了"什么是新质生产力、为什么要发展新质生产力、怎样发展新质生产力"等重大理论和实践问题，为加快发展新质生产力、推动高质量发展提供了根本遵循和行动指南。深刻认识新质生产力的基本内涵特征和主要特征，对于加快发展新质生产力具有重要意义。

新质生产力的基本内涵是什么？

习近平总书记在中共中央政治局第十一次集体学习时指出：新质生产力是创新起主导作用，摆脱传统经济增长方式、生产力发展路径，具有高科技、高效能、高质量特征，符合新发展理念的先进生产力质态。它由技术革命性突破、生产要素创新性配置、产业深度转型升级而催生，以劳动者、劳动资料、劳动对象及其优化组合的跃升为基本内涵，以全要素生产率大幅提升为核心标志，特点是创新，关键在质优，本质是先进生产力。这一重要论述，深刻指明了新质生产力的特征、基本内涵、核心标志、特点、关键、本质等基本理论问题，为我们准确把握新质生产力的科学内涵提供了根本遵循。

新质生产力以劳动者、劳动资料、劳动对象及其优化组合的跃升为基本内涵。生产力是人类在生产实践中形成的利用和改造自然以满足需要的能力。它包括三个基本要素，即劳动者、劳动资料和劳动对象，生产要素内部及其之间以一定的结构组合而形成的有机系统就是生产力。新质生产力就是强调了三个基本要素的组合和跃升。

具身智能机器人"天工"

更高素质的劳动者是新质生产力的第一要素。新型劳动者主要从事知识性劳动和复杂劳动，除了要掌握传统职业技能，更能适应数字化、智能化的工作环境，是能够创造新质生产力的战略人才和能够熟练掌握新质生产资料的应用型人才。

更高技术含量的劳动资料是新质生产力的动力源。劳动资料中最重要的是生产工具。生产工具的科技属性强弱是辨别新质生产力和传统生产力的显著标志。新一代信息技术、人工智能、生物技术、新能源、新材料、高端装备等的应用，孕育出一大批更智能、更高效、更低碳、更安全的新型生产工具，为形成新质生产力提供了物质条件。

　　更广范围的劳动对象是新质生产力的物质基础。随着生产和科学技术的进步，劳动对象日益扩大并越来越显示出它的重要作用。一方面，人类通过先进的科学技术手段，利用和改造自然的范围扩展至深空、深海、深地资源和太阳能、风能、核能等清洁能源。另一方面，人类通过劳动不断创造出新的物质资料，并转化为数据、风能、太阳能、生物质等新型劳动对象，大大扩展了生产力发展空间。

 典型案例

探索空天、深海、深地

　　5月3日，嫦娥六号探测器由长征五号遥八运载火箭在中国文昌航天发射场发射，之后准确进入地月转移轨道，发射任务取得圆满成功。嫦娥六号探测器开启世界首次月球背面采样返回之旅，预选着陆和采样区为月球背面南极——艾特肯盆地。此次嫦娥六号任务发射至采样返回全过程约53天。

　　中国船舶科学研究中心研究员叶聪介绍，中国自主设计和研制的"蛟龙"号、"深海勇士"号、"奋斗者"号三台潜水器累计下潜超过1100次，近3年全球一半以上的载人深潜任务由它们完成。特别是中国首艘万米级载人潜水器"奋斗者"号，4年来，已累计完成230次下潜，其中深度超过万米的有 25 次，让 32 人到达了万米的海底开展作业，持续刷新万米下潜人次的纪录。

4 月初，中国首口超 5000 米深层地热科学探井——福深热 1 井成功钻探至 5200 米，刷新了中国地热科学探井的最深纪录，并在多个地层获得地热资源，标志着华南地区深层地热勘探取得新突破。

资料来源：《大国重器　探秘未来空间》，载于《人民日报海外版》2024 年 5 月 9 日。

新质生产力以全要素生产率大幅提升为核心标志。全要素生产率通常用"索洛余值"度量。因为诺贝尔经济学奖获得者罗伯特·默顿·索洛在分析 1909～1949 年美国经济增长时发现，除了土地、劳动力和资本三要素之外，还存在大量剩余要素在推动经济增长。全要素生产率的提高意味着生产单位产品所需的成本降低，或者在相同成本下能够生产更多产品。比如，某个工厂劳动力、资本等所有生产要素投入都没变，正常情况下产出也应该保持不变，结果产出增长了 5%。这多出来的 5% 就来自全要素生产率。传统生产力主要通过物质资本的积累和劳动力的投入来扩大生产规模和提高产量，而新质生产力则更注重于通过技术进步、知识创新和配置效率提升来推动生产力的发展。

新质生产力"新"在哪里？

习近平总书记在二十届中央政治局第十一次集体学习时的讲话指出："新质生产力的显著特点是创新，既包括技术和业态模式层面的创新，也包括管理和制度层面的创新。"可以说，新质生产力主要新在三个层面，并有系列"新"的表现形态。

新技术是一切"新"的根本源泉。技术创新使生产过程不断摆脱人的生理限制、不断提高劳动生产率，进而推动社会生产力不断跃升。劳动力水平、数据信息等要素的产生和升级根本动力来自新技术的产生和应用，因此新质生产力最突出的核心要素是"新技术"。新技术的应用使得生产过程更加智能化、精准化，同时减少了对自然资源的依赖和环境的影响。当前，人工智能、云计算等前沿技术，为新质生产力的形成和发展奠定了重要基础。

重庆市两江新区的赛力斯汽车超级工厂焊装车间生产线

典型案例

云计算、人工智能赋能新质生产力发展

在过去，奥运会的直播信号主要依靠卫星和传统光缆传输，许多机构无法临时更改转播计划。近年来，随着云计算技术的发展，云上转播逐渐应用于奥运赛事中。2024 年的巴黎奥运会上，有 54 家转播机构用上了云计算，用更低成本实现更快、更好的转播效果，把奥运直播信号从巴黎传输到全球 200 多个国家和地区。云计算作为数字时代的核心基础设施，在推动大数据、人工智能等新一代信息技术与实体经济深度融合方面发挥着关键作用，是推动生产力革新的关键。

2022 年以来，美国人工智能研究实验室 OpenAI 新推出了一种人工智能技术驱动的自然语言处理工具 ChatGPT，生成式人工智能发展取得里程碑式重要突破。ChatGPT 拥有语言理解和文本生成能力，它会通过连接大量的语料库来训练模型，使得 ChatGPT 具备上知天文下知地理，还能根据聊天的上下文进行互动，做到与真正人类几乎无异的聊天场景进行交流。ChatGPT 不单是聊天机器人，还能进行撰写邮件、视频脚本、文案、翻译、代码等任务。2024 年 2 月，OpenAI 推出了全新的视频生成大模型 Sora。继文字与图片生成后，

生成式人工智能体系又得到了完善。人工智能发展将推动智能制造、无人工厂等新业态发展，对科研、医疗等领域将产生颠覆性影响，推动社会生产力发生质的飞跃。如果说前几次工业革命是对人类体力的提升，那么人工智能就是对智力的提升。

资料来源：根据网络公开资料整理。

新业态、新模式、新产业是"新"的主要形态。战略性新兴产业和未来产业是培育新质生产力的核心载体和主要阵地。当前，云计算、人工智能、区块链等技术加速创新，新一代信息技术、生物技术、新材料等战略性新兴产业正在快速发展壮大，类脑智能、量子信息、基因技术等未来产业也在孕育发展。

由技术革命性突破、生产要素创新性配置、产业深度转型升级催生的新业态、新模式，是新质生产力的重要构成。当前，数字经济快速发展，线上与线下加速融合，服务与制造深度融合，无人零售、无接触配送、直播带货、在线诊疗、远程办公、跨境电子商务以及个性化定制、共享制造、全生命周期管理等新模式、新业态蓬勃兴起。比如，春节期间，餐饮配送需求急剧上升，联合飞机集团在安徽芜湖推出"联飞快送"，通过无人机配送年夜饭和节日期间餐食。又比如，入选"2023年度智能制造示范工厂"的青岛海尔特种冰箱智能制造示范工厂以用户为中心，利用卡奥斯 COSMOPlat 工业互联网平台赋能，实现了由大规模制造到大规模个性化定制的转型。

搭载着贵阳特色农产品快递的无人机在成都（金堂）淮州机场起飞

新管理、新机制是"新"的内在支撑。做好创新这篇大文章要重视管理和制度层面的创新。管理创新在新质生产力产生过程中起到至关重要的作用。新质生产力通过采用网络化、平台化的协作模式，管理更为扁平化、去中心化，能够优化生产流程，提高管理效率，有助于从规模化生产向柔性化生产转型，满足市场差异化消费需求，从而增强竞争力。制度创新同样占据重要地位，是新质生产力发展的坚强保障。制度创新通过改进社会及企业的组织结构、运行规则等多方面的制度安排，改变社会再生产过程中人与物、人与人的关系，改变社会经济发展的驱动力，从而彻底改变生产资源的配置方式，形成崭新的生产方式，使社会经济及生产组织效率水平和整体生产力水平实现根本性、质的跃迁，形成新的生产力。

 典型案例

康奈以智能工厂实现柔性化制造

浙江省的康奈集团是一家老牌"鞋王"。面对瞬息万变的市场，消费者需求的快速迭代，康奈集团投入 2000 多万元打造智能工厂，引进了国际上最先进的人工智能应用技术，还首创了柔性化智能制造体系，实现了从产品研发设计、生产制造到销售跟踪全流程覆盖的链路闭环。通过智能开发、智能下料、智能缝帮、智能成型、直播营销这五个环节，一双鞋就能呈现在消费者面前。产品整体生产周期缩短了三分之二，满足了当前多品种、少批量、快交付的市场需求。

资料来源：根据网络公开资料整理。

新质生产力"质"指何方？

好产品好服务是"质"的表现。新质生产力所提供的新产品、新服务提高了人们的生活品质，改善了生活质量。习近平总书记致中国质量（杭州）大会的贺信中指出："质量是人类生产生活的重要保障。人类社会发展历程中，每一次质量领域变革创新都促进了生产技术进步、增进了人民生活品质。"新质生产力"关键在质优"，全面提高产品、工程和服务质量，是发展新质生产力的内涵要求和微观基础。2023 年我国制造业产品质量合格率达到 93.65%，生活性服务、公共服务满意度分别达到 81.30 分和 81.43 分，质量总体水平稳步提升。

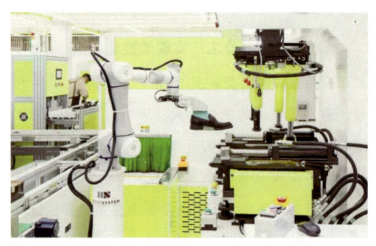

康奈集团打造的新绿智能工厂

高质量发展是"质"的方向。习近平总书记在二十届中央政治局第一次集体学习时指出："绿色发展是高质量发展的底色，新质生产力本身就是绿色生产力。"传统经济增长方式往往依赖于资源的高消耗和环境的重负担，呈现出一种线性、粗放的发展模式。这种模式在短期内或许能够带来经济的快速增长，但长远来看，却给生态环境和社会可持续发展带来了沉重的压力。新质生产力来自高质量发展并指引高质量发展，强调绿色、低碳、循环的发展理念，倡导创新驱动，通过科技进步和产业升级，提高资源利用效率，减少环境污染，实现经济、社会、环境的协调发展。

新闻链接

绿色发展助推新质生产力加快形成

2024年4月10日，海南昌江，由中核集团旗下中国核电投资控股的多用途模块式小型堆科技示范工程"玲龙一号"首台DCS（数字化控制系统）机柜就位并启动安装调试工作。项目建成投运后，预计年发电量达10亿千瓦时，年减少碳排放约88万吨。

能源绿色转型步伐加快。可再生能源装机规模突破15亿千瓦，历史性超过煤电装机。实施煤电机组"三改联动"约7.42亿千瓦。产业优化升级积极推进。万吨级绿氢产业化示范项目建成投产、新型储能累计装机超31吉瓦……我国累计退出钢铁落后产能1.5亿吨以上，完成钢铁全流程超低排放改造1.34亿吨，氢能、新型储能等应用场景不断拓展。

在绿色转型强劲需求带动下，我国相关行业创新能力和产业实力大幅提升。建成全球最大、最完整和最具竞争力的清洁能源产业链，光伏组件产量连续16年位居世界首位，多晶硅、硅片、电池片、组件的产量在全球占比均达到80%以上；风电机组制造产能占全球六成，全球前10家风电整机企业中有6家中国企业，主要零部件国产化率达95%。

资料来源：《落实"双碳"行动　建设美丽中国》，载于《人民日报》2024年4月28日。

码放在内蒙古包头市石拐区一家风电设备制造企业厂区内的叶片

▶ 加快推进新质生产力的生动实践

新质生产力的核心是创新，载体是产业。面对新一轮科技革命和产业变革，我们要以科技创新引领现代化产业体系建设。2023 年底召开的中央经济工作会议明确提出，"要以科技创新推动产业创新，特别是以颠覆性技术和前沿技术催生新产业、新模式、新动能，发展新质生产力"。只有把科技创新真正落到产业发展上，推进产业结构优化升级，抢占制高点开辟新赛道，不断培育新动能、形成新优势，才能促进社会生产力实现新的跃升。

传统产业向新而生

发展新质生产力不是忽视、放弃传统产业，不能简单将传统产业等同于落后产业和低端产业而淘汰。传统产业在我国制造业中占比超 80%，是现代化产业体系的基底。多年来，我国在国际市场上具有明显比较优势的产品，主要集中在轻工、纺织、机械等传统产业领域。这些行业带动效应强、产业关联度大、国际市场占有率高，是支撑我国经济发展的主导力量，也是我国参与国际竞争的生力军。在要素成本上升、资源约束趋紧等大背景下，传统产业的比较优势逐步消失。只有走深度转型升级之路，靠技术创新、要素创新等，催生出传统产业的新质生产力，才能重塑竞争新优势。

 名词解释

数智技术是数字化和智能化的有机融合，可以理解为"数字化＋智能化"，是在数字化基础上融合应用机器学习、人工智能等智能技术的过程。数智化是新型工业化的鲜明特征，是形成新质生产力的重要途径。通过"人工智能＋工业制造""人工智能＋生成设计"等推进智能工厂、未来工厂、"灯塔工厂"建设，推动实现制造业数智化，是制造业转型升级的重要方向。

资料来源：《党的二十届三中全会〈决定〉学习辅导百问》，学习出版社 2024 年版。

　　以数智技术赋能传统产业转型升级，让"老树发新芽"。在数字化转型的浪潮中，传统产业不应再局限于过去的生产模式和经营方式，而是要积极拥抱大数据、云计算、人工智能、物联网等前沿技术，通过智能化改造和数字化升级，实现生产流程的优化、产品服务的创新以及商业模式的重构。企业还能够基于海量数据进行精准的市场分析和预测，实现按需生产、个性化定制，满足消费者日益增长的多元化、差异化需求。同时，智能化的管理和服务系统也可以极大提升企业的运营效率和客户体验，增强企业的市场竞争力和品牌影响力。更为重要的是，数智技术的赋能让传统产业焕发新的生机与活力，实现从"制造"向"智造"的跨越。

 典型案例

　　数智技术推动服装行业转型升级：希音（Shein）是国内女装品牌，公司巧妙利用中国制造业的优势，并通过互联网平台整合国内外的服装工厂的设计和生产资源，打造了高效的供应链，实现了小批量快速返单的生产模式，每天推出约2000多种新款服饰。此外，希音采用了创新的网上销售和社交电商模式，销售业绩异常火爆。2023年希音的应用以惊人的下载量一举成为多个国家的iOS购物应用下载排行榜的冠军。希音正通过创新的商业模式、全球化布局、数字化运营和社交媒体营销等手段，发挥新质生产力，推动服装行业的现代化和全球化发展。

数智技术推动餐饮行业转型升级：2017 年，国际快餐巨头麦当劳将其在中国的 80% 股份以 20.8 亿美元的价格出售给了中信和凯雷，随后公司名称正式更名为"金拱门（中国）有限公司"，成为麦当劳在中国的特许经营公司。此后，金拱门业务在中国的扩张速度令人瞩目。到 2023 年底，其分店数量已显著增长至 6000 余家。这背后是金拱门实施的一系列数字化战略升级。"金拱门"注重数据应用，通过收集和分析大量数据来洞察市场和消费者的变化。与此同时，企业还利用人工智能和物联网等前沿技术来优化运营效率和客户体验。2020 年底，麦当劳中国首个 IT 战略研发中心正式启用，成为 6000 多餐厅背后的智慧大脑。这一系列创新举措不仅极大地提升了金拱门的品牌价值，也凸显了数字化和人工智能技术在推动传统行业发展新质生产力中的关键作用。

资料来源：《魏尚进对话汤敏：新质生产力赋能传统产业创新》，《复旦金融评论》公众号，2024 年 5 月 9 日。

以绿色技术助推传统产业转型升级，让"旧枝绽新绿"。 在新发展理念引领下，绿色技术正成为推动传统产业绿色化、低碳化转型的关键力量。通过环保材料的应用、清洁能源的替代、节能减排技术的创新，传统产业不仅能够有效降低对环境的负面影响，还能在转型过程中探索出更加生态友好、资源节约的发展路径。这一转变不仅有助于企业提升市场竞争力，更是对社会责任的积极践行，为构建绿色、低碳、循环发展的经济体系贡献力量。以绿色技术为引擎，传统产业将焕发新生，实现经济效益与生态效益的双赢，共同迈向更加绿色、可持续的未来。

神木电石公司兰炭余热回收利用装置

战略性新兴产业加速崛起

作为引领未来发展的新支柱、新赛道，战略性新兴产业为新质生产力成长壮大提供了巨大空间，是培育和发展新质生产力的重要载体。自 2010 年国务院发布《关于加快培育和发展战略性新兴产业的决定》以来，十多年间，我国战略性新兴产业增加值占 GDP 比重从"十三五"初期的 8% 左右，提高到"十四五"中期超过 13%。战略性新兴产业规模不断壮大，从"星星之火"渐成"燎原之势"，全国范围内形成了一批各有特色的产业集群，充分发挥了其经济发展新引擎新动能作用。

巩固扩大新能源汽车等优势产业。 近年来，在政策和市场的双轮驱动下，我国新能源汽车等新兴产业依靠科技创新实现蓬勃发展，市场份额逐年扩大，发展势头迅猛，在国际上处于并跑乃至领跑位置，技术水平、产业规模达到国际领先。2023 年，我国新能源汽车产销量连续 9 年保持全球第一；新能源汽车出口超过 120 万辆，带动我国新车出口数量跃居世界第一；全球动力电池排名前十的企业，中国企业占据 6 席。我们之前取得的优势来之不易，必须巩固并努力扩大领先地位，力求长期保持核心竞争力，防止被竞争对手"换道超车"。

 延伸阅读

所谓中国新能源"产能过剩"纯属伪命题

无论是从市场经济原则和价值规律来看，还是结合全球分工和国际市场情况来分析，所谓中国新能源"产能过剩"都是伪命题。

将中国出口产品等同于产能过剩，不符合经济常识和客观事实。在全球化背景下，产能多少是由供需关系决定的。按照市场规律，供需平衡是相对的，不平衡往往是常态，在任何实行市场经济体制的经济体都可能发生。解决这些问题主要还要依靠市场按照价值规律进行调节。作为一个融入全球化的开放市场，中国新能源企业的视野和资源配置不仅要考虑国内，还要考虑国际。如果各国生产仅满足国内需求，就不会有跨境贸易。近年来，中国电动汽车、锂电池、光伏产品等出口增多，这是国际分工和市场需求的结果。把产能问题与国际贸易挂钩，认为出口商品多了就是产能过剩了，这完全站不住脚。

事实上，全球范围内的绿色产能不是过剩，而是严重不足。以新能源汽车为例，根据国际能源署测算，2030 年全球新能源汽车需求量将达 4500 万辆，是 2022 年的 4.5 倍；全球光伏新增装机需求将达到 820 吉瓦，是 2022 年的约 4 倍。特别是在超过 130 个国家和地区提出碳中和目标的背景下，全球对绿色产能的需求远远大于产出。从全球需求侧的巨大潜力来看，中国的绿色产能供不应求，所谓"冲击世界市场"更是毫无根据。彭博社网站刊文认为，全球能源转型之所以有希望，很大程度上要归功于中国提供了廉价、清洁的产品。

资料来源：《所谓中国新能源"产能过剩"纯属伪命题》，载于《人民日报》2024 年 5 月 16 日。

　　加快前沿新兴氢能、新材料、创新药等产业发展。从氢能发展来看，氢能是未来国家能源体系的重要组成部分，是用能终端实现绿色低碳发展的重要载体。我国氢能产业发展尚处于初期阶段，推进过程中仍面临诸多问题，需将行业卡点、堵点逐步解决；从新材料发展来看，我国已从"以解决有无问题为主"的规模扩张阶段，进入以满足国家重大战略需求、提升国际竞争力为主的高质量发展阶段；从创新药发展来看，我国新药研发驶入快车道，迎来蓬勃发展的全新局面，但由于起步晚等原因，创新药产业还面临热门靶点研发同质化、创新回报不及预期等问题。我们需要继续加强政策支持、加大研发投入、完善产业链布局、拓展应用场景，推动这些产业持续健康发展。

 **资料链接**

中国氢能技术取得重大突破

　　6月2日，我国首个重载铁路加氢站——国家能源集团巴图塔加氢站正式投入商业运营。巴图塔加氢站位于内蒙古鄂尔多斯市，主要为国内大功率氢能源动力调车机车和"氢燃料电池＋锂电动力电池"零排放接触网作业车提供加氢服务。站内搭载我国独立研发制造的全球首台耐低温自动加注加氢机器人和大流量加氢机，可在最低零下25摄氏度的条件下，实现全天候连续工作和大流量自动加氢。

　　巴图塔加氢站加氢能力达每天 500 千克，储氢能力为 800 千克，最快 30 分钟可加满一台氢能动力机车，所加注的氢燃料可供机车连续运行 8 小时，空载续航里程达 800 公里，预计每年可减少二氧化碳排放量约 800 吨。

　　资料来源：《我国首个，正式投入商运！》，央视新闻公众号，2024 年 6 月 3 日。

河北省承德市双滦区一家钒钛新材料企业的冷轧车间

　　积极打造生物制造、商业航天、低空经济等增长极。从生物制造来看，将餐厨废油"地沟油"提炼为飞机燃料，将钢铁冶炼过程中产出的工业尾气转化为鱼饲料，将农业废弃物秸秆做成包装袋和一次性吸管等产品……生物制造技术作为全新的"造物"技术，在食品、医药、材料、化工及能源等国民经济重要领域加快渗透，并已成为大国竞争前沿阵地。从商业航天来看，与国家级的宏大航天项目，如神舟飞船、长征火箭等不同，商业航天聚焦于低轨卫星的发射与应用，旨在通过市场机制推动航天技术的普及与创新。我国商业航天产业已经走出初创阶段，进入了快速发展阶段。从低空经济来看，搭"空中的士"上班、用无人机送餐、乘坐载人航空器观光……这些场景的实现印证着当下我国低空经济的蓬勃发展。作为强势崛起的战略性新兴产业，生物制造、商业航天、低空经济均具备巨大的能量和发展潜力，随着顶层设计完善、关键技术突破和应用领域拓展，必将为我国经济社会高质量发展注入强劲动能。

 名词解释

　　低空经济一般是指各类航空器在真高 1000 米以下的低空空域进行各类飞行活动及其辐射产生的经济形态，主要包括低空飞行器制造、低空运营服务、低空基础设施建设和低空飞行保障四个板块，具体涵盖居民消费和工业应用两大场景，呈现出产业链条强劲、应用场景复杂、使用主体多元、辐射效果明显等特点，其发展主要依托技术进步、政策支持和市场需求。

　　资料来源：根据网络公开资料整理。

在广东省广州市番禺区小鹏汇天总部静态展示的飞行汽车旅航者 X2

推动战略性新兴产业融合集群发展。集群化发展是提升战略性新兴产业发展效能的重要方向，也是促进战略性新兴产业创新化、规模化发展的重要举措。2024 年 3 月，习近平总书记参加十四届全国人大二次会议江苏代表团审议时强调，"因地制宜发展新质生产力""加快打造具有国际竞争力的战略性新兴产业集群"。近年来，环渤海地区新一代信息技术、生物、航空航天、节能环保等领域发展较快，长三角地区重点发展新一代信息技术、新能源等产业集群，粤港澳大湾区重点发展移动互联网、新能源汽车、生物、数字创意等产业集群，形成了一批各具特色、优势互补、结构合理的新增长引擎。

码上阅读

《战略性新兴产业十年成就回顾》

未来产业开启未来

未来产业是重塑全球创新版图与经济格局的前沿力量，是牢牢把握未来发展主动权的关键所在。围绕未来产业的培育壮大，国家相关部委开展了系列部署和推动。工信部联合教育部、科技部等7部委共同印发了《关于推动未来产业创新发展的实施意见》，提出前瞻性布局未来制造、未来信息、未来材料、未来能源、未来空间和未来健康等六大方向。

名词解释

未来产业是由前沿技术驱动，当前处于孕育萌发阶段或产业化初期，具有显著战略性、引领性、颠覆性和不确定性的前瞻性新兴产业。未来产业代表着新一轮科技革命和产业变革方向，是经济增长的最活跃力量，有望培育发展成先导性支柱产业，是形成新质生产力的重要阵地。

资料来源：《党的二十届三中全会〈决定〉学习辅导百问》，学习出版社2024年版。

　　未来产业虽然听起来陌生，但作为新质生产力最活跃的先导力量，它是用"明天"的技术锻造"后天"的产业。我们现在超前发展未来产业，就是为了继续竞逐"未来"，继续保持领先地位。关于未来产业布局，有个形象的说法："要像从鸡蛋开始孵小鸡一样培育未来产业。"未来产业具有长期性、探索性、不确定性，尤须开展前瞻布局。要整合从基础研究、原始创新到场景应用的各种要素资源，"无中生有"孵化培育一批原始创新型未来产业。

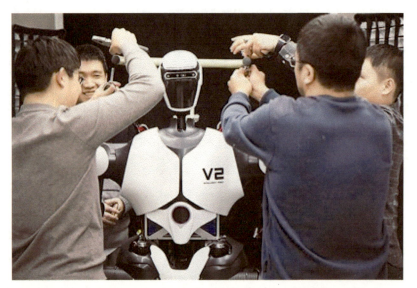

人形机器人攻关团队科研人员在多模态人工智能系统全国重点实验室调试机器人

　　培育"金种子"，加强基础研究和原始创新。基础研究为科技进步提供理论支撑和源头活水。它往往能够催生出一系列颠覆性的科学发现和技术突破。这些发现与突破，如同璀璨的星辰，照亮了未来产业前行的道路。而原始创新，则是基于基础研究的深入，创造出全新的理论、技术或产品。它不仅是技术进步的源泉，更是产业升级的引擎。原始创新能够打破行业壁垒，开辟全新的市场空间，为未来产业的发展注入强大的动力。基础研究和原始创新是相辅相成的两个方面，它们共同构成了未来产业发展的核心驱动力。通过持续优化创新生态、加大基础研究投入、推动原始创新突破，我们将能够在这片充满希望的土地上，播种下更多"金种子"，让它们在未来产业的广阔天空中绽放出璀璨的光芒。

面向"大市场"，努力为技术创造丰富的应用场景。未来产业的蓬勃发展，离不开技术与实际需求的紧密结合。创造丰富的应用场景，意味着将前沿科技融入社会生活的方方面面，从日常消费到工业生产，从城市管理到医疗健康，让新技术在解决实际问题的过程中不断迭代升级，形成良性循环。我国人口众多、区域广阔、产业完备，这都是大国所独有的，为形成应用场景优势奠定了基础。要推动技术从"实验室"走向"大市场"，注重打破行业壁垒，促进技术、人才、资金等要素的自由流动与优化配置，形成协同创新、互利共赢的良好生态。

党的二十届三中全会明确提出，"健全因地制宜发展新质生产力体制机制"。要通过深化改革，让传统产业"焕发新机"，使传统产业所蕴含的新质生产力有效释放。强化推动高水平科技自立自强体制机制。战略性新兴产业是形成新质生产力的主阵地，需要完善推动战略性产业发展政策和治理体系。

未来产业是新质生产力最活跃的先导力量，建立未来产业投入增长机制。发展新质生产力，有赖于各类生产要素质量提升和配置效率改进，需健全促进知识、技术、管理、数据等先进生产要素向发展新质生产力集聚体制机制。要推动实体经济和数字经济深度融合。

消费旺则经济活国家兴

—— 如何理解消费是经济增长的主引擎？人民生产生活如何得到更好满足？

柴米油盐酱醋茶，俗称的开门七件事，不仅是老百姓日常生活的必需品，也体现了消费与百姓的密切关联。消费作为人类最基本的活动之一，一头连着百姓生活，一头连着经济大盘。它是经济稳定运行的压舱石。多项数据显示，中国消费市场势能强劲，消费这驾"马车"正开足马力，为中国经济持续复苏提供动能。消费是畅通国内大循环的关键环节和重要引擎，对经济具有持久拉动力，要充分发挥消费对经济发展的基础性作用，不断增强高质量发展的持久动力。

消费作为经济增长的主引擎，一直备受市场关注。恢复和扩大消费是当前推动我国经济运行持续好转的主要着力点和紧迫任务。2024 年以来，一系列扩内需促消费政策持续发力显效，各地区、各领域不断创新消费场景、优化消费环境，消费潜力不断释放，消费需求延续恢复态势，拉动经济增长的主动力作用显著。

▶ 消费是国计民生的"压舱石"

党的二十大报告提出："着力扩大内需，增强消费对经济发展的基础性作用"。2023 年底召开的中央经济工作会议强调，要激发有潜能的消费，推动消费从疫后恢复转向持续扩大。2024 年的政府工作报告指出，要促进消费稳定增长，并要求开展"消费促进年"活动。这些既是加快构建新发展格局、推动高质量发展的重要部署，又是当前形势下积极应对需求收缩、推动经济健康发展的重要举措。

扩大消费助推国民经济新发展。 在拉动我国经济增长的"三驾马车"中，消费的表现突出，对经济增长的贡献率平均在 60% 以上，成为促进经济增长的第一拉动力。国际经验表明，大国经济增长主要依靠内需，并以消费为主导。对于任何一个成熟发达的经济体而言，消费都是推动经济增长的第一动力。我国已经成为世界第二大经济体，迈入中等收入国家行列。但相比于发达经济体，我国最终消费占 GDP 比重仍然偏低，低于世界平均水平。近几年，逆全球化趋势加剧，全球产业链、供应链受到冲击，国际经济大循环动能减弱。同时我国出口增长压力加大。在这种情况下，要推动经济稳定增长，必须把发展立足点放在国内，进一步发挥消费的作用。

码上阅读

《为什么消费在 GDP 中的占比不高》

　　扩大消费顺应美好生活新期待。我国社会主要矛盾是人民日益增长的美好生活需要和不平衡不充分的发展之间的矛盾。作为扩大内需的主动力和畅通国内大循环的关键环节，消费既是生产的最终目的和动力，也是人民对美好生活需要的直接体现。恢复和扩大消费，更好满足需求，加快补齐消费领域的短板弱项，是我国增进民生福祉的主动作为，是满足人民日益增长的美好生活需要的必然要求。2024 年 7 月 30 日召开的中共中央政治局会议中提到，要以提振消费为重点扩大国内需求，经济政策的着力点要更多转向惠民生、促消费。我国有 14 亿多人口，中等收入群体超过 5 亿，居民衣食住行和精神文化需求潜力大，拥有全球最大的最有潜力的消费市场。实现扩大消费和民生改善良性循环，就能在发展中不断增进民生福祉，为经济发展创造出更多有效需求。在扩大消费中持续不断改善民生，既能有效解决群众后顾之忧，又可以催生新的经济增长点。

 数据链接

　　2023 年社会消费品零售总额 471495 亿元，比上年增长 7.2%。按经营单位所在地分，城镇消费品零售额 407490 亿元，增长 7.1%；乡村消费品零售额 64005 亿元，增长 8.0%。按消费类型分，商品零售 418605 亿元，增长 5.8%；餐饮收入 52890 亿元，增长 20.4%。基本生活类商品销售稳定增长，限额以上单位服装、鞋帽、针纺织品类，粮油、食品类商品零售额分别增长 12.9%、5.2%。升级类商品销售较快增长，限额以上单位金银珠宝类，体育、娱乐用品类，通讯器材类商品零售额分别增长 13.3%、11.2%、7.0%。全国网上零售额 154264 亿元，比上年增长 11.0%。其中，实物商品网上零售额 130174 亿元，增长 8.4%，占社会消费品零售总额的比重为 27.6%。12 月份，社会消费品零售总额同比增长 7.4%，环比增长 0.42%。2023 年服务零售额比上年增长 20.0%。

　　资料来源：国家统计局网站。

▶ 新场景新体验引领消费新趋势

"尔滨"火了、"国潮"热了、绿色消费更受欢迎了……北京同仁堂推出小红罐、枸杞拿铁、"晚安水""熬夜水"等健康饮品，还有一系列药食同源的养生食品，这家老字号以创新的搭配，吸引着众多消费者体验养生。2023 年 4 月，山东省加开 24 列从济南至淄博间的周末往返"烧烤专列"，推出一批"淄博烧烤"特色文旅主题产品和活动，打造"一市品牌"。2024 年，甘肃天水麻辣烫复刻淄博烧烤的现象级热度。成都第 31 届世界大学生夏季运动会也为成都带来较高能级的赛事效应，大运会期间，观众观赛以及直接带动购物、交通、住宿、餐饮等衍生消费超过 10 亿元。过去一年，以首发经济为代表，满足消费者新需求的新产品更新迭代，文娱旅游、国货"潮品"不断推陈出新，数字、绿色、健康等成为消费新风潮。

新型消费成为促进消费扩容和引领消费创新的重要支撑。2023 年，电商、互联网等新型消费快速增长，实物商品网上零售额超 13 万亿元，占社会消费品零售总额的比重达到 27.6%。2023 年底召开的中央经济工作会议提出，培育壮大新型消费，大力发展数字消费、绿色消费、健康消费，积极培育智能家居、文娱旅游、体育赛事、国货"潮品"等新的消费增长点。"新型消费"一词也被写入了 2024 年全国两会的政府工作报告中。新型消费越来越多地出现在人们身边，其蓬勃发展为消费增长提供了新动力。

 **资料链接**

新型消费新在哪里

新型消费的特点主要有：其一，收入水平与消费意愿是新型消费的基础条件。消费者的收入水平、消费意愿，直接影响对新型消费产品和服务的需求。其二，新型消费有一定的技术门槛。新型消费的技术门槛高低，消费者对新技术新手段的掌握程度等，对新型消费的发展情况都有直接影响。其三，文化消费与绿色消费是新型消费的重要内容。随着消费结构升级，消费者不仅注重物质消费，而且注重休闲消费、文化消费、绿色消费等。因此，新型消费的文化含量更高，绿色消费、低碳消费所占比重也更高。其四，提升消费应用与消费感知体验需要创新消费场景。新型消费对消费场景有着特殊要求。消费场景主要包括基础设施、消费体验场所、消费实现的载体等。扩大新型消费，既能带来消费需求的规模扩张，也能拉动新型基础设施建设的投资需求。其五，提高获得产品与服务的便利程度要求加快物流创新。尤其是现代物流体系中智慧物流的发展，将大大提高新型消费需求满足的便利程度。其六，消费环境改善与制度优化是新型消费的基本保障。不断优化的市场管理是新型消费发展的重要外部环境，如在跨境"海淘"、网络预付消费、共享消费等领域，需要完善相关的质量标准和市场监管手段，充分保障消费者权益。新型消费的这些特点，决定了发展新型消费需要采取更有针对性的措施。

资料来源：《积极促进新型消费》，光明网，2023年7月25日。

国潮消费引领新风尚

在当今这个日新月异的消费时代，"国潮"不仅是一股席卷而来的文化浪潮，更是中华民族文化自信与经济活力碰撞出的璀璨火花，它以独特的魅力引领着新一轮的消费风尚。在这场由内需驱动的消费升级浪潮中，国潮消费以其鲜明的文化特色、创新的产品设计以及深刻的情感链接，正逐步重塑着消费市场格局，引领着新的生活方式和审美趋势。

汉服文化以古韵新姿构筑国潮消费新热点。在各大城市的旅游景点、文化街区，乃至日常生活中，汉服爱好者们身着各式汉服，仿佛穿越时空而来，成为一道独特的风景线。他们不仅穿着汉服，还通过举办汉服文化节、汉服婚礼等活动，将汉服文化推向新的高度。同时，一些品牌也敏锐地捕捉到了这一趋势，推出了融合传统与现代设计的汉服产品，满足了消费者的多元化需求。这种传统与现代的碰撞，不仅让汉服文化焕发出新的生机，也推动了国潮消费的发展。

游客身着传统服饰在苏州平江路游览

　　国货品牌以设计创新开辟国潮消费新高地。在国潮消费的浪潮中，国货品牌无疑是最耀眼的明星。从科技巨头到运动品牌，再到文化 IP 衍生品，国货品牌通过不断创新和提升品质，成功打造出了众多具有民族特色和国际影响力的产品。比如，华为、小米等科技品牌凭借自主研发的核心技术，赢得了国内外市场的广泛认可；李宁、安踏等运动品牌则通过设计创新和产品升级，成功吸引了年轻消费者的目光。此外，故宫文创、敦煌文创等文化 IP 衍生品更是将传统文化与现代时尚完美结合，成为了国潮消费的新宠。这些国货品牌的崛起，不仅提升了中国品牌的国际影响力，也进一步推动了国潮消费的发展。

　　国潮市集与沉浸式展览以文化体验打造国潮消费的新领域。为了满足消费者对文化体验的需求，各地纷纷推出了国潮市集和沉浸式展览等新型消费场景。在这些场景中，消费者可以近距离接触和体验传统文化元素，感受国潮文化的独特魅力。比如，在北京、上海等城市的文化街区举办的国潮市集上，消费者可以品尝到地道的中华美食、购买到精美的手工艺品；而在一些沉浸式展览中，消费者则可以通过现代科技手段穿越时空、感受古代文化的韵味。这些新型消费场景的出现，不仅丰富了消费者的文化生活体验，也进一步推动了国潮消费的发展。

数字消费激发新潜力

随着新一代数字技术快速发展，我国消费市场数字化转型加快推进，我国居民数字消费需求也在加速释放。数字技术在消费场景中的应用，通过线上线下联动、融合文旅等业态，打造更多沉浸式、体验式、互动式新场景、新业态、新模式，深刻改变着人们的消费习惯。作为数字经济时代扩内需、稳增长和促转型的重要动力，数字消费已成为当前促消费政策的重要抓手。2024 年以来，网络购物促销力度加大，网上零售持续较快增长，实物商品网上零售额占比持续提升。

直播经济、即时零售等消费新业态新模式迅猛发展。一方面，直播经济为消费注入更多能量。短视频种草＋直播带货是天然的互补搭档，短视频通过社交分享、多样化内容、互动，实现用户的情感认同，为直播引流预热。直播电商则具有高即时性和强互动性，主播在直播间可以不受空间地域限制，讲解产品，还能和用户实时互动，为用户答疑解惑，了解用户需求。同时通过"123 上链接"等话术，营造购买氛围，激起用户购物欲望，让人不由自主跟随下单，完成消费转化。短视频引流，直播带货，已经成为最佳拍档。根据中国网络视听发展研究报告（2024）显示，七成以上用户因看短视频/直播购买商品，超四成用户认为短视频/直播已成为主要消费渠道。其中，53.7%的用户经常收看电商直播/直播带货。另一方面，即时零售拓展了消费边界。即时零售是线上线下融合发展的新零售业态，通过线上下单、线下即时配送的方式，挖掘商超、送药、买菜、跑腿等生活服务领域的消费潜力，依托本地零售供给，满足居民即时消费需求。随着即时消费习惯的逐渐养成和即时零售基础设施的不断完善，即时零售进入全品类发展期。从最初的生鲜蔬菜、面包饮料、药品，再到电子产品、日化美妆、家居产品，拿起手机打开 App 下单，很快就有外卖员送货上门。随着通过线上平台和线下门店联合，扩展服务半径和服务时段，即时零售激活了更多消费场景。直播带货、即时零售等电商新模式快速发展，拉动数字消费增长作用明显。

移动智能终端、智能家居、虚拟现实购物等泛智能消费新场景新范式异军突起。 虚拟现实、增强现实、全息投影、智能交互等蓬勃发展的数字技术在消费场景的应用，营造了新颖的消费场景，为消费者带来智能化购物体验。"虚拟家居布置""虚拟试衣""虚拟试妆"等产品，打造沉浸式体验消费，提升消费者购物体验和决策的准确性。比如，传统彩妆店需要在脸上涂抹试妆，既花时间又伤皮肤还考验技巧，虚拟试妆利用增强现实技术让消费者在试妆"魔镜"里，选择各种品牌的化妆品，还可以选择搭配成套的主题妆，让消费者更清晰地见证妆容效果，为挑选购买合适的化妆品提供参考。在大数据、人工智能等技术助力下，许多商场商圈还打造了智慧停车系统、智慧收款系统、智慧购物系统等一系列新型消费场景。比如，北京坊商圈打造"5G+虚拟现实"智慧商圈，加载华为提供的"河图技术+5G"系统，实现了商圈内三维实景步行导航功能，消费者在手机上可以看到各网红打卡点的位置。此外，家电厂商通过人工智能，让家居体验更便捷舒适。消费者通过手机App、语音助手等方式，轻松实现家中智能家电远程操控，智能家居逐渐成为数字消费新赛道。

无人超市里机械手臂正在帮助顾客拿取已购买的商品

绿色消费践行新理念

随着绿色低碳的生产方式和生活方式逐渐形成，绿色消费的"行军号"也已经吹响。绿色消费作为一种新型消费模式，正逐步成为培育新的经济增长点的重要途径。为刺激绿色消费，早在 2016 年 2 月，国家发展改革委等十部门就印发了《关于促进绿色消费的指导意见》，提出要着力培育绿色消费理念，积极引导居民践行绿色生活方式和消费模式，大力推动企业增加绿色产品和服务供给。党的二十届三中全会通过的《中共中央关于进一步全面深化改革、推进中国式现代化的决定》提到，健全绿色消费激励机制。绿色消费在推动消费结构升级、激发消费潜力、扩大国内需求等方面发挥着越来越重要的作用。

正在充电的新能源车

绿色元素融入百姓生活。衣的方面，消费者更倾向于选择有机棉、再生纤维等环保材质制成的衣物，"零碳"概念服装掀起全行业全产业链绿色可持续革命。食的方面，更多绿色有机食品、农产品走上餐桌，低碳餐饮备受推崇，餐饮企业也纷纷响应，采取使用可降解餐具等措施。住的方面，智能家居、绿色建材、清洁能源等走进千家万户。2024 年"五一"假期，苏宁易购智能家电家居类商品、绿色节能家电同比均增长超过 50%。行的方面，新能源汽车、共享单车、公共交通工具的广泛使用，不仅降低了碳排放，也提升了城市出行的便捷性与舒适度。此外，二手商品、共享服务等循环经济、共享经济服务型市场快速发展。二手交易相关新设企业数量持续增长，二手商品的网购用户不断增加，共享单车、共享充电宝等共享经济不断发展。

绿色消费延伸服务场景。在工业生产上，我国工业领域绿色设计与制造稳步推进，企业绿色创新设计投入不断加强，推出更多节能环保绿色的产品，以满足消费者对绿色生活的需求。在消费场景上，绿色商场与绿色街区的兴起，更是将绿色消费理念融入到了购物环境的每一个角落。这些场所不仅提供绿色产品，还通过屋顶绿化、雨水回收、太阳能照明等绿色建筑技术，展现了节能减排的实际成效。此外，各类绿色主题活动与展览也层出不穷，如绿色出行日、环保创意市集等，通过互动体验与知识普及，激发了公众的环保热情与绿色消费意识。值得一提的是，随着科技的进步，绿色消费也融入了数字化元素。例如，通过智能手机应用，消费者可以轻松查询商品的碳足迹、环保等级等信息，甚至参与到碳补偿项目中，为自己的消费行为做出补偿。这些创新举措不仅丰富了绿色消费的内涵，也让绿色消费和生活变得更加便捷与时尚。

健康消费倡导新生活

随着生活条件不断改善，我国居民对健康问题也日益关注。尤其是疫情过后，消费者的健康理念进一步增强，消费者健康生活方式意识持续提升，不仅中老年人更加注重健康生活方式，"脆皮年轻人"的健康意识也在迅速崛起。健康消费需求成为全年龄段消费者的常态化需求，花钱买健康越来越成为一种趋势。《2023 年居民收入和消费支出情况》显示，全国居民人均医疗保健消费支出 2460 元，同比增长 16%，占人均消费支出的比重为 9.2%。居民消费意愿的改变，为健康消费这个行业带来新的发展动力。

网络热词

脆皮年轻人是网络用语，指新生代青年群体，年纪轻轻小毛病却不少，因为一些无意间的动作而导致了身体损伤或心理创伤，又被称为"复合型老龄青年"。这个词引发关注的源头是郑州一家医院的急诊科在一个月内收治了 1700 多名 18～25 岁的年轻人，有外伤、腹痛、胸闷、过度换气综合征等。

资料来源：根据百度百科、光明网《关注"脆皮青年"自嘲背后的真问题》整理。

健康产品爆款多。随着消费者健康意识增强，居民更加注重生活品质，对于科学营养等健康消费的需求增长强劲，以运动健身产品等为代表的升级类商品成为消费新增长点。美团买药数据显示，2024 年"6·18"大促期间，保健食品成为该平台销量增速最快的非药类目，比去年同期增长超 100%，覆盖面也从老年人群向中青年人群扩展。维生素等保健品、药品及医疗器械、智能健康设备是最受欢迎的健康类消费品。丁香医生调查显示，家用血压仪、血氧仪、血糖仪等监测类器械购买率分别高达 40%、23% 和 22%。很多"90 后"、"00 后"也加入所谓"青年养生大军"，运动器材、泡脚桶、按摩仪等在市场上持续热销。年轻的消费者对于零食的需求也已经从简单的解馋变为追求养生和减肥等健康需求，企业则顺应潮流不断推出符合消费者需求的新产品，如功能性饮料、低卡低糖食品等。

健康服务需求大。线上健康服务需求增长迅速，2023 年，我国的互联网医疗用户数已经突破了 3.6 亿，仅京东健康一家，2023 年活跃用户数就达到 1.72 亿，其互联网医院全年日均在线问诊量达到 45 万。预防保健需求持续扩大，我们可以观察到，高端体检中心、私人医生服务等个性化、定制化的健康服务越来越受到青睐。健康管理需求蓬勃增长，比如，某知名互联网企业推出的"健康管理计划"，通过结合大数据分析和人工智能技术，为用户提供个性化的饮食运动指导，备受用户追捧。而工作繁忙的上班族对利用零碎时间健身具有较大需求，午间、傍晚的瑜伽、舞蹈课程经常火爆到需要在线"秒杀"。老年康养需求潜力巨大。随着人口老龄化加速和居民健康素养提高，社区健康管理、生活照护、康养疗养等健康服务需求也不断增加。我们可以看到越来越多的高端康养社区和养老机构的兴起，它们不仅提供基础的医疗照护服务，还融入了健康管理、文化娱乐、心理慰藉等多维度服务内容。

▶ 让百姓能消费敢消费愿消费

立足新发展阶段，积极实施扩大内需战略，要激发有潜能的消费，聚焦重点领域、重点群体，建立和完善扩大居民消费的长效机制，使居民有稳定收入能消费、没有后顾之忧敢消费、消费环境优获得感强愿消费，努力推动消费从疫后恢复转向持续扩大。

"能消费"：消费实力足

贵州"村超"上人声鼎沸，淄博烧烤热度不断攀升，南方小土豆勇闯哈尔滨……这些热闹的场景都是我国长治久安、人民安居乐业的体现，也是居民们对美好生活的追求和向往。居民们强烈的消费意愿转化为消费能力，离不开稳定的收入。腰包鼓了，消费才有底气。推动居民收入增长与经济增长基本同步，是经济高质量发展的应有之义，也是释放内需潜力的前提和基础。多渠道增加城乡居民收入，稳定和扩大中等收入群体，让居民"能消费"，是实现全体人民共同富裕的重要手段，也是扩大消费需求关键所在。

持续扩大就业，让居民钱包鼓起来，有钱来消费。消费能力的提升最根本的是增加居民收入。消费能力与居民收入成正比，劳动报酬和经营性收入是居民收入的主要来源。增加居民收入，首先要稳定和增加就业机会，有就业才能有收入。增加收入，稳定居民收入预期，在于稳定和扩大就业，要落实落细就业优先政策，坚持把高校毕业生、农民工等群体就业作为重中之重。农民工是我国现代化建设的有生力量，2023年我国农民工总量达2.9亿人，平均年龄为43.1岁，如何提高农民工就业质量事关千家万户。高校毕业生等青年群体就业不仅关乎个人发展前景和家庭的希望，更事关国家未来的发展，预计我国2024年高校毕业生人数达1179万人。从跨省招工、举办"春风行动"专场招聘会，到密集发布稳企拓岗新政策，加强职业技能培训，加大脱贫人口就业帮扶，各地全力以赴，多渠道促进就业增收。

 **资料链接**

多措并举扩大就业

河北省结合本省实际深入开展先进制造业青年就业行动，大规模组织线上线下招聘活动，强化青年求职能力训练和学徒培训。对毕业生参军落实优先报名应征、优先体检政考、优先审批定兵、优先安排去向政策，实施青年见习计划，对吸纳高校毕业生的企业实施一次性吸纳就业补贴和一次性扩岗补助政策。

山东省潍坊市率先打造零工客栈帮助农民工精准就业。潍坊市内共建有22处零工客栈，其与建筑公司、物业公司、家政公司等签订协议，长期供应岗位。利用小程序发布招聘岗位信息和求职信息，用人方不愁去哪找人，工人也不用到处找活儿，把"零散式"提供岗位变成"集约式"。两年来潍坊市零工客栈年服务零工380万人次，找活成功率达到90%以上。

资料来源：根据网络公开资料整理。

让老百姓能消费，既要保就业增收，还要有效"减负"。当前，中国正以更大的决心推进"减负"：提高"一老一小"

个人所得税专项附加扣除标准、启动新一轮保障性住房规划建设、进一步扩大医保基金使用范围等，织密扎牢民生兜底保障安全网，更好满足居民在养老、就医、教育等方面的迫切需求，让居民消费起来更有底气。我国实施全民参保计划，截至2023年底，我国基本养老、失业、工伤保险参保人数分别达到10.66亿人、2.44亿人、3.02亿人，基本建立了统筹城乡、覆盖全民、多层次的社会保障制度体系。2024年政府工作报告中提到，居民医保人均财政补助标准提高30元，城乡居民基础养老金月最低标准提高20元。把民生保障网越织越密，消除老百姓消费的后顾之忧。

 **资料链接**

我国建成世界最大养老保险体系

最新数据显示，截至2024年3月末，我国基本养老保险参保人数为10.7亿人，同比增加1434万人。经过多年稳定发展，中国已建成世界规模最大的养老保险体系。

为保障人民群众"老有所养"，我国已建立职工养老保险和城乡居民养老保险两大制度平台，目前实现了对法定人群的制度全覆盖。截至3月末，全国社保卡持卡人数达13.8亿人，覆盖98%的人口。

人力资源和社会保障部部长王晓萍表示，近年来，我国统一城乡居民养老保险制度，推动机关事业单位和企业养老保险制度并轨，实现企业职工基本养老保险全国统筹，建立个人养老金制度。目前，多层次、多支柱养老保险体系基本形成。

资料来源：《覆盖 10.7 亿人！我国建成世界最大养老保险体系》，新华网，2024 年 5 月 30 日。

"敢消费"：消费环境优

环境好了，消费起来才放心。2023 年底召开的中央经济工作会议提出，着力扩大国内需求，要优化消费环境。2024 年政府工作报告提出"实施'放心消费行动'，加强消费者权益保护"，并列入了国务院 2024 年的重点工作。消费环境对居民消费意愿有直接影响。良好的消费环境能够为居民消费提供适宜的场景，并确保消费安全，从而改善消费预期和信心，让潜在的消费能力转化为现实的消费行为。随着时代发展，我国消费环境不断改善，但还是存在一些制约消费发展的因素，一定程度上影响了消费潜力进一步释放。因此要进一步加大监管力度，持续优化消费政策和制度环境，让消费者敢于消费、乐于消费，不断拓展消费空间。

河北省扎实推进消费者权益保护工作

织密消费者保护网。消费者权益能否得到有效保护，关系到居民的消费意愿和消费信心。2023年全国消费者协会组织共受理消费者投诉1328496件，同比增长15.33%，消费侵权事件多发。近年来，电商平台价格歧视、大数据算法"杀熟"问题屡禁不止，App、网站等网络服务自动续费问题让人深恶痛绝，还有预付费商家携款"跑路"、退款难、个人信息泄露等问题。《中华人民共和国消费者权益保护法实施条例》已于2024年2月23日国务院第26次常务会议通过，自2024年7月1日起施行。该条例中规定，经营者不得在消费者不知情的情况下，对同一商品服务在同等交易条件下设置不同的价格或者收费标准。这是我国首次在行政法规中对差异化定价进行规范。各级人民政府应当加强对消费者权益保护工作的指导，组织、协调、督促有关行政部门落实消费者权益保护工作职责。

 数据链接

2023 年，全国市场监管部门通过全国 12315 平台、电话、传真、窗口等渠道共受理消费者投诉、举报和咨询 3534.3 万件，同比增长 20.2%。其中，投诉 1740.3 万件，举报 507 万件；为消费者挽回经济损失 44.9 亿元，有力地保护了消费者的合法权益。

资料来源：国家市场监督管理总局。

营造良好的消费环境，让大家放心安心舒心消费。安全放心的消费环境是消费者敢消费的重要保障。各级市场监管部门严厉打击假冒伪劣商品，确保市场流通商品的质量和安全。建立健全广告监测机制，加强对广告内容的审核和监管，确保广告的真实性和合法性，对违法违规的广告进行及时查处和曝光，打击虚假违法广告。2023 年，全国市场监管部门聚焦医疗、药品等民生重点领域，共查处"神医神药"广告违法案件 9572 件，罚没 1.25 亿元。日本福岛核污水排放对食品安全造成放射性污染风险，我国自 2023 年 8 月 24（含）

起全面暂停进口原产地为日本的水产品，保障中国消费者健康。

码上阅读

《中国消费者权益保护状况年度报告（2023）》

"愿消费"：消费意愿强

当前，我国居民消费需求正从生存型向发展型、品质型升级，从商品消费为主向服务消费与商品消费并重转变。产品和服务供给质量不断提升，才能更好满足人民对美好生活的追求。激活消费大市场要以增加优质消费供给为抓手，只有消费持续扩容提质，消费场景不断翻新、迭代、升级，才能更好地满足百姓的个性化、品质化和多样性需求。

做好各类消费促进活动，营造浓厚消费氛围，为居民提供更多元、更丰富的消费体验。要突出节庆时令、地方特色，结合传统节日、公休假日等消费旺季，结合地方特色民俗，组织举办网上年货节、数商兴农庆丰收、冰雪消费季等活动。比如，京津冀消费季、上海"五五购物节"、浙江"浙里来消费"、重庆"爱尚重庆"等。要突出首店、首发的引流作用，满足消费者对高品质高能级商品的需求。比如上海利用"五五购物节",打响"首发上海"品牌,吸引国内外品牌新品在上海举办首发、首秀、首展活动以及开设首店。

 **资料链接**

消费促进活动多彩纷呈

作为商务部"消费促进年"重点活动之一,2024国际消费季将推出首发首秀、时尚消费、健康消费、体育消费等新型消费场景,指导各地组织开展丰富多样的商旅文体健融合活动。

同步启动的第五届上海"五五购物节"将聚焦首发经济、品牌经济、夜间经济、直播经济以及新型消费、服务消费、汽车消费、绿色消费,开展1000余项特色活动。"上海之夏"国际消费季是上海继"五五购物节"之后全新打造的城市暑期促消费活动新品牌,将推出一系列高品质、高流量、高能级的演唱会、音乐节、文艺演出、文博美术大展、重大体育赛事,联合商家、平台、酒店、景点、场馆等出台一批体现上海国际化、品质化消费环境的服务举措。

资料来源:《2024国际消费季暨第五届上海"五五购物节"在沪启动》,新华网,2024年4月29日。

2024 年 2 月 22 日，"2024 年全国消费促进月暨京津冀消费季"启动活动在北京市举行

提升服务精准度，满足不同消费群体对美好生活的需求。必须根据不同群体的特征和消费发展趋势，采取有针对性的政策措施，推动与消费相关的新场景、新技术和新业态的应用，以持续挖掘消费潜力。随着我国老年人口不断增多，老年人的消费需求不断提升，消费潜力不断释放，老年消费市场规模不断扩大，预计到 2050 年，我国老年人口总消费将达到 61.26 万亿元，老年市场规模将达 48.52 万亿元；我国拥有 7 亿多"80后""90 后""00 后""10 后"，他们是中等收入群体的主体，是具有强劲需求和新消费观的群体；我国女性人口数量为68844 万人，中国 80% 市场商品是女性购买的，80% 的已婚家庭吃穿用商品是由女性决定的，"她消费"是市场的主流主导和主体。要激活几大消费群体，把潜在消费需求转化为显性需求。

开发新产品、新场景。要创新功能，通过研发和生产具有自主知识产权的新产品，应用前景广阔的新产品新设备，引领科技和消费潮流，以满足消费者对智能、绿色、健康等消费新潮流的需求。例如，智能家居产品近年来快速增长，功能集成、便利和易用的特点使其成为消费新热点。要提升质量，通过提高产品的质量优化用户体验。比如，在服装家纺、家电家居、食品医药等行业，加快培育一批智能制造示范工厂，实现全生命周期质量管控和产销用协同发展，优化追溯信息查询服务，让消费者买得放心、用得安心。要变革模式，通过创新消费供给模式，推动消费品质量从生产端符合型向消费端适配型转变，包括加快传统消费品迭代创新，推广个性化定制、柔性化生产等。此外，数字技术的广泛应用也能帮助企业创造沉浸式、体验式的消费场景，深度挖掘消费者的潜在需求，激发更多的消费。

精心做好"以旧换新"工作，让消费者"去旧更容易、换新更愿意"。 推动消费品以旧换新，是激发有潜能的消费、满足消费升级需求、提高人民生活品质的重要举措，对扩大有效益的投资、形成消费和投资良性循环、推动消费品行业提质增效具有积极促进作用。2024 年 3 月，国务院印发《推动大规模设备更新和消费品以旧换新行动方案》，提出实施设备更新、消费品以旧换新、回收循环利用、标准提升四大行动，推动高质量耐用消费品更多进入居民生活。随后，各地相继出台相关政策，支持以旧换新。消费品以旧换新涉及千家万户、涉及老百姓切身利益，在开展以旧换新活动中要尊重消费者意愿、回应消费者诉求，让消费者有获得感，逐步建立"去旧更容易、换新更愿意"的有效机制，推动消费从疫后恢复转向持续扩大。

 **资料链接**

以旧换新有效释放居民消费潜力

随着《推动大规模设备更新和消费品以旧换新行动方案》正式发布，新一轮消费品以旧换新行动正式开启。事实上，以旧换新政策并非我国第一次推出。早在 2009 年，为了应对 2008 年国际金融危机、扩大消费需求，党中央和国务院在全面实施家电下乡和汽车、摩托车下乡的同时，出台了以旧换新的政策，对汽车和家电以旧换新，通过财政补贴这个政策工具促进消费。上一轮"以旧换新"政策拉动作用十分明显。据相关机构数据显示，2009 年到 2011 年的上一轮"以旧换新"中，汽车相关政策持续至 2010 年底，全国共办理汽车以旧换新补贴车辆约 46 万辆，拉动新车消费 496 亿元。2009 年，我国汽车产销量均突破 1000 万辆，2009 年和 2010 年中国汽车产量增速连续两年高于 30%。家电相关政策持续至 2011 年底，销售五大类新家电 9248 万台，拉动直接消费 3420 多亿元，2011 年家电以旧换新销售额超 1100 亿元，占当年家电总销售额约 1/5。

资料来源：根据网络公开资料整理。

　　促消费，强动能，归根结底是要让人民群众过上红火好日子。促消费、提质量，当把扩大消费同改善人民生活品质结合起来。尤需把增加人民群众收入水平，培育适应个性化、多样化消费的新趋势等有机结合起来，出真招、见行动，有力推动消费马车"多拉快跑"，接力交出一份推动经济高质量发展、在发展中增进民生福祉的答卷。

5

经济、金融"一盘棋"

—— 如何理解金融强国的丰富内涵？中国特色金融
发展之路要怎样走？

　　金融活，经济活；金融稳，经济稳。经济兴，金融兴；经济强，金融强。经济是肌体，金融是血脉，两者共生共荣。全球大国兴衰更替的历史，也验证了经济和金融两者共生共荣的关系，验证了金融是国家重要的核心竞争力。历史经验表明，综合实力强大的国家，往往都是经济和金融强国。发达的金融体系是大国崛起的必要条件。我们现在处于一个崭新的历史方位，在中华民族几千年的历史进程中，今天我们比历史上任何时期都更接近、更有信心和能力实现中华民族伟大复兴的目标。在这样一个历史时点，做好经济和金融工作十分重要。

2023 年 10 月 30 ~ 31 日，中央金融工作会议在北京召开。会议首次提出了"金融强国"，并 3 次提到了"加快建设金融强国"。这是中央层面第一次提出"金融强国"，凸显了金融工作的地位和作用。在实现中华民族伟大复兴的战略全局和面对世界百年未有之大变局的关键历史时期，我们必须加快建设金融强国，从而为强国建设和民族复兴伟业提供有力支撑。

锚定金融强国目标坚定前行

察势者智，驭势者赢。金融作为"国之大者"、国之重器，必须放在宏大时代场景的大变局、大格局、大棋局中去审视和考量。金融既是实体经济的重要支撑，也是国家核心竞争力的重要组成部分。加快建设金融强国是新时代新征程金融事业发展的重大目标任务。"金融大国"如何华丽转身为"金融强国"，将成为我们面临的重大议题。

金融强国的时代呼唤

当前，世界之变、时代之变、历史之变正以前所未有的方式展开。从百年大变局的国际形势来看，金融是大国博弈的必争之地。金融是国家重要的核心竞争力，金融改革发展是国家改革发展的重要内容，金融安全是国家安全的重要组成部分。历史上，大国崛起都离不开强大金融体系的关键支撑。当今世界，金融之战的烈度和影响程度，甚至超过武装冲突和科技之争。而且，在武装冲突和科技之争背后，金融制裁的手段都发挥着重要作用。我国现已成为金融大国，但还不是金融强国。只有加快建设金融强国，不断提高我国在国际金融中的竞争力和话语权，才能掌握大国博弈的主动权。

建设金融强国根本目的是服务中国式现代化。党的二十大报告提出要加快建设制造强国、质量强国、航天强国、交通强国、网络强国、农业强国、海洋强国、贸易强国、教育强国、科技强国、人才强国、文化强国、体育强国以及数字中国、健康中国、平安中国等，显示出党和人民构筑现代化强国大厦的雄心壮志和奋斗方向。从世界历史和国际经验来看，现代化强国必然是金融强国，金融强国是现代化强国的必要条件。做不好金融工作，没有金融的高质量发展，就没有整个经济社会的高质量发展，就不可能顺利实现中国式现代化。也就是说，如同没有坚实的物质技术基础就不可能全面建成社会主义现代化强国一样，没有一个强大的金融体系作支撑，社会主义现代化强国同样不可能实现。我国全面建成社会主义现代化强国，金融强国必不可少、不能缺位。

金融既十分重要，也极易产生风险。当前和今后一个时期，我国金融领域处在风险易发高发期。改革开放40多年来，我国没有发生过金融危机，这在世界大国中独一无二。但是，这并不表明一切都风平浪静。当前，中小金融机构风险、地方债务风险、房地产领域金融风险、非法金融活动风险等尤为突出，风险持续恶化，存量风险尚未见底，增量风险仍在集聚，而且金融风险的隐蔽性、突发性、传染性、破坏性特别强，处理不善极易引发社会风险、政治风险，决不能掉以轻心。建设金融强国之路，既是辉煌灿烂的征途，也是荆棘满布的挑战。我们需以雷霆万钧之势推进金融改革，激发市场活力；亦需以绣花功夫雕琢风险防控的每一个细节，确保金融之舟稳健前行。

码上阅读

《1997 年亚洲金融危机：一场遍及东南亚的金融风暴》

金融强国六大核心要素

2023 年，中央金融工作会议首次提出"要加快建设金融强国"，将金融工作上升到更高战略高度，释放了我国金融事业未来发展方向的重要信号。2024 年，习近平总书记在省部级主要领导干部推动金融高质量发展专题研讨班开班式上的重要讲话明确了金融强国建设的关键核心要素，指明了我国建设金融强国的实践路径。

强大的货币。我国在北宋时期经济非常繁荣，大量的贸易往来需要大量的货币，由于金属携带不便，从而催生了世界上最早的纸币——交子。虽然最早的纸币诞生在我国，但是强大的主权货币才是金融强国的集中体现，如曾经的荷兰盾、当年的英镑以及当下的美元。可以说，货币是金融的根基，强大的主权货币是金融强国的基石。货币的稳定性、流动性和信用性直接影响经济活力，一国拥有强大的货币意味着具有强大的经济内生动力、抵御外部冲击的能力和保持稳定增长的潜力。近年来，人民币国际化稳中有进，在全球贸易融资中的占比排名上升至第二位。人民币国际地位稳步提升，将成为我国建设金融强国的重要支柱。

强大的中央银行。中央银行诞生于近现代，至今不过300多年的历史。瑞典国家银行是世界上历史最悠久的中央银行，创始于1668年，而英格兰银行则被公认是现代中央银行先行者。当今对全球经济金融有着广泛影响力的美联储成立之初以金融稳定为目标，此后的百余年间才不断丰富其职责定位、政策目标和政策工具。中国人民银行作为我国的中央银行，于1948年12月正式成立。中国人民银行成立至今，特别是改革开放以来，在体制、职能、地位、作用等方面，都发生了巨大而深刻的变革。中央银行负责调控货币总闸门，对经济发展全局有着重要作用。纵观全球，金融强国无一不拥有强大的中央银行。随着我国转向高质量发展阶段，需要以现代中央银行制度作为重要支撑，既支持经济转型升级，又防止发生严重通货膨胀或通货紧缩以及系统性金融风险，确保我国现代化进程顺利推进，维护国家金融安全。

中国人民银行

强大的金融机构。金融机构是金融强国建设的重要微观基础。经过持续发展，我国已形成了种类齐全、竞争充分的金融体系，覆盖银行、证券、保险、信托、基金、期货等多个领域。金融机构综合实力和影响力不断增强，"规模庞大"已成为我国金融机构体系的鲜明标签。根据央行数据，当前我国银行业金融机构数量多达 4000 多家，5 家大型商业银行入选全球系统重要性银行。从全球范围看，我国银行业资产总规模居全球第一，股票、债券、保险的规模居全球第二。但也要清醒认识到，我国金融机构还存在发展水平参差不齐、竞争力不够强等问题，金融服务实体经济的质效仍不够高，金融机构的国际影响力有待进一步提升。加快建设金融强国，必须不断优化金融机构差异化发展路径，培育更多具有国际竞争力的金融机构，推动金融机构由"大"变"强"。

强大的国际金融中心。纵观世界金融发展史，国际金融中心的变迁是金融强国兴衰的重要标志。当年，英国强大金融实力的形成与伦敦国际金融中心的发展密切相关；后来，美国取代英国成为全球金融第一强国，纽约国际金融中心以金融市场特别是资本市场有力地支撑了美国在全球的金融资源配置能力。由此可见，建设金融强国，需要更具竞争力的国际金融中心，进一步提升在全球金融市场的影响力。强大的国际金融中心之于金融强国的重要性主要基于金融中心的基本特征，即金融要素资源的集聚和辐射特征。根据金融资源集中、集聚、辐射的范围和程度不同，可以区分出国内金融中心和国际金融中心两大类。目前，我国的香港和上海已成为全球重要的国际金融中心，发展水平位居世界前列。面向未来，着力建设强大的国际金融中心，增强上海国际金融中心的竞争力和影响力，巩固提升香港国际金融中心地位，必将为实现金融高质量发展、加快建设金融强国提供强大助力。

空中俯瞰上海浦东陆家嘴金融城

强大的金融监管。强大的金融体系离不开完备有效的金融监管体系。完善金融监管是推进国家治理体系和治理能力现代化的内在要求，是防范和化解金融风险、实现金融稳定的必要条件和重要保证。党的十八大以来，我们经受住一系列严重风险冲击，成功避免若干全面性危机，金融治理体系和治理能力现代化持续推进。2023 年 3 月，《党和国家机构改革方案》正式发布，新一轮金融监管体制改革进一步强化监管集中统一和全覆盖。当前，国内外经济金融环境发生深刻变化，我国发展进入战略机遇和风险挑战并存时期，各种"黑天鹅""灰犀牛"事件随时可能发生。前进道路上，坚持底线思维、增强忧患意识，着力打造完备有效的金融监管体系，构建强大的金融监管，不忽视一个风险、不放过一个隐患，严抓不放、常抓不懈，我们就一定能有效防范化解金融风险，让中国特色金融发展之路越走越宽广。

强大的金融人才队伍。建设金融强国，人才是基石。金融领域专业性强、复杂程度高，人才队伍至关重要。培育和打造强大的金融人才队伍，是推动金融高质量发展的"关键招"和"必答题"。强大的金融人才是具备广阔国际视野、掌握前沿金融知识、拥有强大实践能力、胸怀强烈社会责任的创新型、实干型人才。要按照政治过硬、能力过硬、作风过硬的要求，打造一支堪当建设金融强国重任的人才队伍，为金融强国建设注入源源不断的人才活水，提供坚实可靠的人才保障。

做好"五篇大文章"

2023 年，习近平总书记在中央金融工作会议上的重要讲话中提出"做好科技金融、绿色金融、普惠金融、养老金融、数字金融五篇大文章"，为牢牢把握推进金融高质量发展这一主题，做好相关金融工作指明了方向。

提升科技金融质效

回顾历史，科技金融这个名词诞生至今不过短短三十年光景。1994 年，第一届中国科技金融促进会上，首次正式提出了"科技金融"这一理念。三十年来，我国的科技金融从最初的萌芽状态，一步步发展壮大，逐渐从稚嫩走向成熟，规范体系也日益完善。

科技金融，简而言之，就是利用金融创新的手段和工具，为科技创新和创业活动提供高效、精准的金融服务。它将宝贵的科技创新资源与庞大的金融资本紧密结合起来，为科技研发的全过程、科技成果的转化以及科技创新型企业的成长，提供全方位、全周期的金融支持，就像是一位贴心的护航者，陪伴着科技创新的每一步前行。在这个过程中，科技与金融之间形成了一种美妙的互动关系。科技的不断进步为金融市场开辟了新的投资领域和增长点，激发了金融创新的活力；而金融的鼎力支持，则如同催化剂一般，加速科技研发的步伐，推动科技成果的快速商业化，实现科技与经济的双赢。

2023 年 12 月 18 日上午，河北（鹿泉）科技金融中心
在河北鹿泉经济开发区正式揭牌成立

目前，我国已初步建成全方位、多层次的科创金融服务体系，科技、产业、金融相互塑造、紧密耦合、良性循环的格局正在形成。随着全球科技创新进入空前密集活跃的时期，信息、生命、制造、能源、空间、海洋等领域的原创突破为前沿技术、颠覆性技术提供了更多创新源泉，科技创新活动越来越复杂、技术迭代周期越来越短、竞争越来越激烈，如何让科技

金融更好支持科技创新活动，还有待进一步探索。

 典型案例

农银投资助力艾佛光通滤波器芯片创新

广州市艾佛光通科技有限公司（以下简称"艾佛光通"）是国家级专精特新"小巨人"企业。该公司创新研发的滤波器芯片是业界领先产品，可有效助力解决我国 5G 芯片"卡脖子"难题。公司创始人多年致力于第三代半导体材料学术研究，历经坎坷终于在 2017 年成功研发原创性滤波器芯片，经过专业测试认定性能比国外产品优异；2020 年 1 月，艾佛光通正式注册成立，谋划推进量产工作。但是建设整套生产线和持续研发需要大量资金。滤波器芯片制造专业度极高，研究不到位容易做出错误评估，影响投资决定。

作为农业银行旗下全资子公司，农银金融资产投资有限公司（以下简称"农银投资"）投资团队对"艾佛光通"项目立项后，就将工作重心放在做透技术和行业研究上，精读了数十篇中英文专业论文，咨询多位业内顶尖专家，多次深入现场考察并和相关人员访谈，最终确定企业的核心技术路线，得以科学评估行业成长性。经过专业研判，2020 年 12 月，农银投资完成对艾佛光通的 3000 万元投资。在其带动下，很快吸引了社会资本共同参与，为企业量产奠定了基础。

2022 年底，艾佛光通建成第一条量产线，截至 2024 年 6 月，已获得三轮投资，产能建设现已基本完成，5G 中高频体声波滤波器芯片生产线实现稳定量产，对外销售逐步起量。"小巨人"企业步入初创期与成长期转换阶段。

资料来源：《一场科技与金融的"双向奔赴"——科技金融赋能科技型企业高质量发展的广东探索》，载于《中国城乡金融报》2024 年 6 月 26 日。

健全绿色金融体系

绿色金融的发展历史，可以追溯到上个世纪的 70 年代。早在 1974 年，当时的联邦德国就成立了世界第一家政策性环保银行，命名为"生态银行"，专门负责为一般银行不愿接受的环境项目提供优惠贷款。2002 年，世界银行下属的国际金融公司和荷兰银行，在伦敦召开的国际知名商业银行会议上，提出了赫赫有名的"赤道原则"。这项准则要求金融机构在向一个项目投资时，要对该项目可能对环境和社会的影响进行综合评估，并且利用金融杠杆促进该项目在环境保护以及周围社会和谐发展方面发挥积极作用。

2016 年 8 月 31 日，人民银行等七部委发布《关于构建绿色金融体系的指导意见》，中国成为全球首个建立了比较完整的绿色金融政策体系的经济体。该指导意见将"绿色金融"定义为：为支持环境改善、应对气候变化和资源节约高效利用的经济活动,即对环保、节能、清洁能源、绿色交通、绿色建筑等领域的项目投融资、项目运营、风险管理等所提供的金融服务。

近年来,我国稳步推进绿色金融产品创新,绿色贷款业务规模持续提升,绿色债券、绿色保险、绿色基金等产品日渐丰富,市场供给结构进一步优化。我国已经成为全球最大的绿色信贷市场和全球第二大的绿色债券市场,我国绿色金融市场的全球吸引力、影响力正在不断提高。

发展好绿色金融,是支持实体经济绿色转型、实现金融高质量发展的重要内容。实践证明,发展绿色金融是改善融资结构、拓宽生态项目资金来源渠道、促进生态环境保护、推动绿色发展的有效途径,能够为相关领域资金需求和资源优化配置提供重要支撑,对于促进绿色经济发展具有重要作用。

 典型案例

中行助力现代牧业绿色转型

现代牧业(张家口)有限公司积极研发绿色可替代能源,提升资源循环利用空间,构建了"饲草种植—奶牛养殖—粪污处理—沼气发电—粪肥还田"的绿色循环产业链条。为了给予企业切实有效的支持,中行张家口沽源支行工作人员多次前往企业养殖基地、生产车间进行实地考察，与企业的管理层、技术人员和一线员工进行深入交流，详细了解其生产流程、环保措施、市场前景以及面临的困难和挑战。结合企业实际用款需求，该行为企业量身定制绿色信贷方案，定期安排专人与企业沟通，及时解决贷款发放过程中可能出现的各类问题，为企业提供全方位的金融支持。

资料来源：《中行张家口分行加快服务模式创新 推动绿色金融发展》，河北新闻网，2024 年 8 月 13 日。

加强普惠金融服务

普惠金融这个概念来源于英文"inclusive financial system"，是联合国系统率先在宣传 2005 小额信贷年时广泛运用的词汇，并将其定义为：一个能有效、全面地为社会所有阶层（特别是贫穷的、低收入的群体）提供服务的金融体系。通俗点讲就是：让所有的老百姓们都享受到更多的金融服务。

2013 年，党的十八届三中全会正式提出"发展普惠金融"。十多年来，我国普惠金融发展取得了积极成效。基础金融服务更加普及，银行机构聚焦大众金融、线上线下同步发力，目前全国县域银行机构实现 100% 全覆盖，乡镇银行业金融机构覆盖率约 98%，基本实现乡乡有机构、村村有服务、家家有账户。小微企业、乡村振兴、巩固拓展脱贫攻坚成果等重点领域金融服务也呈现"增量、扩面"的态势。与此同时，小微企业等经营主体获取金融服务的成本更低。

国家金融监督管理总局启动第一届"普惠金融推进月"行动

我国已经迈上全面建设社会主义现代化国家新征程，对普惠金融工作提出了更高的要求。当前，人民日益增长的美好生活需要和不平衡不充分的发展之间的矛盾仍然突出。必须坚持以人民为中心的发展思想，健全具有高度适应性、竞争力、普惠性的现代金融体系，让全体人民公平获得所需的金融服务。因此，加快建设中国特色普惠金融体系，不仅与全体人民共同富裕的目标具有内在一致性，而且可以通过助力乡村振兴、县域经济、创新创业、区域协调发展等，为推进中国式现代化提供金融支持。

 典型案例

工商银行"养殖e贷"助力江津养猪大户

家住重庆市江津区白沙镇黑石山村的唐先生是当地有名的养猪大户。有段时间，因前期投入大，他的养猪场出现了流动资金紧缺的问题，急需贷款。然而，由于养猪场建于流转土地上无法抵押、生物性资产核实价值难度大，又没有其他可供抵押的资产，他自己都觉得贷款无望。抱着试一试的心态，他咨询了工商银行江津支行。没想到，该行工作人员很快就上门对接，并快速完成了实地贷前调查、申请材料审核、贷款审核批复等流程。仅用了 3 天时间，该行便利用"养殖 e 贷"信贷产品，向唐先生发放了 30 万元贷款。而拿到这笔贷款，唐先生并未提供抵押物。

"养殖 e 贷"是工商银行 2024 年 2 月创新推出的新产品，具有信用放款、无需抵押、利率低、随借随还等特点，贷款额度最高可至 1000 万元，期限最长可至 5 年，有助于解决养殖户的融资难题。

资料来源：《重庆创新打造特色普惠金融产品 探索打通小微市场主体融资"最后一公里"》，重庆日报百家号，2024 年 7 月 17 日。

加快养老金融发展

随着人口老龄化进程的加快和居民财富的稳健增长，我国居民对养老的需求已发生质的转变，由原来"生存型养老"转向"高品质养老"。在此背景下，养老金融为老年生活筑起坚实的保障之基，助力银发一族安享晚年，乐享岁月静好。

养老金金融是养老金融的基础与核心。养老金制度一般采取现收现付制或基金积累制，一定时期内会形成基金积累，特别是基金积累制下基金结余长达几十年，面临保值增值需求，需要通过市场化投资运营实现基金保值增值，这就是养老金金融的服务领域。

养老服务金融主要面向基本制度外的多样化自主性养老需求，按目的可将其分为个人养老财富管理业务和养老财富消费业务。前者主要包括养老投顾、财务规划和遗产规划，后者涉及住房反向抵押贷款和租赁贷款等业务。

养老产业金融是指利用金融工具对养老产业进行的投融资活动，可以有效配置社会资源，为养老产业发展提供资金保障。养老产业包含与老年人衣食住行、医疗保健、情感交流、社会活动相关的诸多业态。现阶段养老产业主要聚焦于医疗服务市场、养老用品市场和养老地产，具有资金需求体量大而回报周期长的特点，需要金融给予强有力的支持。

养老金金融，养老服务金融和养老产业金融各有侧重，三者相互支持、补充。在养老金融体系中，养老金金融是"基础"，养老服务金融是"补充"，养老产业金融是"支撑"，三者形成一个有机的整体。有了完善的养老金金融，养老才能实现"手中有粮，心中不慌"；有了多元的养老服务金融，养老的各种需求才能有资金保障；有了养老产业金融，养老的各种刚需服务才能落地实现。养老金融的三部分相互促进、共同努力，才能做好养老金融这篇大文章。

典型案例

养老金融的"中信解法"

针对不同年龄层和不同客群的养老金融需求，中信银行在十几年的时间里沉淀出了一套"中信解法"，也被简称为"三分四步"。

所谓"三分法"，是根据人生的三个重要阶段来做相应的财务规划：18～35 岁，从校园到社会，事业的起步发展期，开始有能力为自己的兴趣买单，这个时候应注重收支平衡，首要目标是要打造"一张健康的资产负债表，实现资产和负债的平衡，为后面养老储备积攒第一桶金"；35～60 岁，正处于事业高速发展期，结余资金逐步积累。中信银行提出了"一本科学的养老账本"的理念，旨在帮助这些中生代群体实现财富的稳健增值，为未来的养老支出做好储备；60 岁之后，步入退休后的银发阶段，中信银行则提出了"一个幸福的晚年生活"的理念，旨在帮助他们通过合理规划实现养老资产稳健增值，保障养老支出具有可持续性。

基于不同人群和人生阶段的实际情况，中信银行提出"平衡收支、预防风险、规划养老、长钱投资"的四步法，通过贯穿一生的财务规划，实现人民群众退休以后的生活质量保障。对此，中信银行打造了包含"一个账户、一套产品、一个账本、一套服务、一支队伍、一个平台"六大支撑，覆盖养老资金筹备期和养老资金运用期的全生命周期"幸福+"养老金融服务体系。

资料来源：《"长寿时代"来临：养老金融的"中信解法"》，银行家杂志公众号，2023 年 11 月 15 日。

促进数字金融发展

数字金融主要是指通过互联网及信息技术手段与传统金融服务业态相结合的新一代金融服务，包括数字货币、数字支付、数字信贷、数字证券、数字保险、数字理财等金融业态。数字金融是我国金融大家族中的新生代，是数字经济的重要组成部分，是金融在社会、经济、科技发展潮流下的大趋势。

数字人民币融入日常生活

　　近年来，我国数字金融发展成效卓著，在移动支付领域，央行数据显示目前我国移动支付普及率达到 86%，居全球第一；在数字信贷领域，我国数字信贷规模全球最大，大幅领先欧美国家；在央行数字货币领域，我国数字人民币推广应用加快，跨境结算取得积极进展；在数字金融技术方面，中央财经大学中国互联网经济研究院与社会科学文献出版社共同发布的《数字金融蓝皮书：中国数字金融创新发展报告（2023）》指出，中国数字金融技术发展已居全球前列，中国金融科技和数字金融技术的相关专利技术不管是数量还是增速都远高于其他主要国家。

　　当前，世界百年未有之大变局加速演进，全球新一轮科技革命和产业变革深入发展，催生出大数据、云计算、人工智能、物联网、区块链等新一代信息技术，数字技术革命成为推动世界之变、时代之变、历史之变的重要驱动力。发展数字经济、数字金融，是顺应新一轮科技革命浪潮、发展创新驱动型经济的必由之路。做好数字金融这篇大文章，关键在于把握数字技术变革的黄金机遇，促进金融与数字技术的深度融合，着力提升金融服务对实体经济质效。

 典型案例

华夏银行数字金融赋能制造企业

　　某制造业企业是一家以钢铁为核心，集资源、船舶、机电等新产业于一体的大型重工产业集团，拥有着完整的产业链条。该企业搭建了供应链管理系统，对各子公司的招标、采购实现线上化管理，期望能够引入金融机构嵌入到产业链运作过程中，运用数字化手段为上游供应商和下游经销商等产业链各参与方，提供金融产品与服务支持，以稳定产业链供应链，形成良性循环的生态体系。

华夏银行数字金融平台与该企业供应链管理平台进行直连，为客户提供数字保理产品服务。该企业分散在全国各地的供应商无需到银行柜台办理保理融资业务，通过企业的供应链管理平台即可线上发起融资申请，线上提交保理融资业务办理所需的贸易背景资料及业务申请材料，华夏银行实时接收业务申请，经过数字化模型审批后自动为客户进行融资放款，及时满足了供应商的融资需求，唤醒企业"沉睡"资产，提高了企业资金的周转效率。

资料来源：《向"新"而行 | 华夏银行以数字金融赋能实体经济　助力新质生产力加速发展》，中国网，2024 年 4 月 11 日。

▶ 中国特色现代金融体系怎么建

构建中国特色现代金融体系，是一场深刻的变革，它需要我们以"海纳百川，有容乃大"的胸怀，吸纳全球金融智慧之精华；以"工欲善其事，必先利其器"的远见，创新金融工具与制度；以"民惟邦本，本固邦宁"的情怀，确保金融发展成果惠及全体人民。这是一场关于效率与公平的双重奏，是风险防控与开放合作的精妙平衡，更是中国智慧在全球金融治理体系中的独特贡献。

健全科学稳健金融调控体系。金融调控是指国家综合运用经济、法律和行政手段，调节金融市场，保证金融体系稳定运行，实现物价稳定和国际收支平衡。其中，稳货币是金融调控的重要基础。近年来，人民银行始终保持货币政策的稳健性，助力实现稳经济、调结构、稳物价的平衡。特别是 2023 年，面对国内外经济、政策周期不同步的挑战，人民银行坚持"以我为主"，没有跟随加息，优先确保国内发展，并持续释放贷款市场报价利率改革效能，企业融资和居民信贷成本降至历史低位，有力支持提升投资、消费需求。同时，坚持实行以市场供求为基础、参考一篮子货币进行调节、有管理的浮动汇率制度，既注重发挥市场的决定性作用，又综合运用政策工具对市场顺周期、单边行为进行纠偏，人民币对一篮子货币汇率保持基本稳定。新时代金融发展面临新的挑战，要持续健全科学稳健金融调控体系，着力为高质量发展营造良好的货币金融环境。

优化金融市场结构布局。金融市场体系是金融体系的重要组成部分，其结构包括多个层面，如，直接融资市场与间接融资市场的结构，股权融资市场与债券融资市场的结构，在岸金融市场与离岸金融市场的结构等。目前，我国已建成全球最大的银行市场，全球第二大保险、股票、债券市场。各市场之间彼此互相联系、互为支撑，成为构建中国特色现代金融体系的发力点。下一步，要在建立健全结构合理的金融市场体系上下功夫，通过综合施策、多措并举，逐步构建一个更加成熟、稳定、开放、有序的金融市场体系，为实体经济高质量发展提供有力支撑与长效保障。

提升金融机构分工协作质效。 金融机构的分工协作，可以优化金融资源配置、提高金融资源分配效率、提升我国金融业的经营稳健性和产品服务竞争力，更好地满足全社会多元化、综合化、便捷化的金融服务需求。近年来，我国金融机构的种类愈发多样，业态日趋丰富，分工更明确和细分，协作的基础不断强化。进一步提升金融机构分工协作质效，还需发挥更多系统合力。比如，政策性金融机构在牵引带动支持重点领域和重大项目方面可以有特色、有亮点、有实效；国有大型金融机构由聚焦"做大"转变为更好地实现"做优""做强"，聚焦重大战略和薄弱环节提供优先金融配置和优质金融服务；中小金融机构可以更加立足当地为小微企业、民营企业以及个体工商户提供精细化、精准化、特色化、差异化运营与服务等。

构建完备有效的金融监管体系。 完备有效的金融监管对防范和化解金融风险、确保金融业稳健运行有着重要的现实意义。加快构建中国特色现代金融体系离不开完备有效的金融监管。党的十八大以来，我国金融监管体制机制改革持续推进，中央银行、金融监管部门、地方金融管理机构分工协作架构逐步形成，金融监管法律法规制度不断健全，金融监管能力和水平持续提升。但与此同时也要看到，我国的金融监管仍然存在一些问题，经济金融风险隐患仍然较多。面向未来，必须着力构建强大的金融监管，以严密过硬监管保障金融稳定发展。

打造多样化专业性金融产品和服务。多样化主要是指金融产品和服务的类型要丰富多元。党的十八大以来，我国金融产品与服务体系逐步丰富，金融结构不断优化，间接融资、直接融资比例与我国经济社会发展和金融需求的适应性大幅提高。数字金融、绿色金融、普惠金融发展已走在世界前列，科技金融发展步入快车道，与人民群众利益密切相关的养老金融服务体系日渐完善。金融科技的快速发展也为金融产品与服务体系的丰富提供了强大动力。大数据、人工智能、区块链等技术的应用，不仅提高了金融服务的效率和安全性，同时催生了新的金融业态和商业模式。新形势下，我们要以金融供给侧结构性改革为主线，引导金融机构回归本源、聚焦主业，持续做好科技金融、绿色金融、普惠金融、养老金融、数字金融五篇大文章，持续构建多样化专业性金融产品和服务体系，因势利导提升服务实体经济的适配性。

完善金融基础设施体系建设。所谓金融基础设施，是指为各类金融活动提供基础性公共服务的系统及制度安排。近些年，我国金融基础设施建设不断提速，目前已逐步形成了为货币、证券、基金、期货、外汇等金融市场交易活动提供支持的基础设施体系，功能比较齐全、运行整体稳健。金融基础设施是金融资源交易运行的"道路桥梁"，在金融市场运行中居于枢纽地位，是金融市场稳健高效运行的基础性保障，是实施宏观审慎管理和强化风险防控的重要抓手。金融基础设施是否自主可控、安全高效，关系到国家经济发展稳定性、运营和资本效率、风险防控、国家安全等诸多重大问题。因此，要结合本国需求和国际规则更好地构建自主可控、安全高效的金融基础设施体系，以进一步为我国宏观审慎管理和强化风险防控提供有力支撑。

6

民族要复兴乡村必振兴

——如何理解关于学习运用"千村示范、万村整治"工程经验，有力有效推进乡村全面振兴的部署？

　　我国自古以农业立国，农耕文明历史悠久。广大劳动人民从未停止过对生活富裕、社会安定、国家强盛的美好追求。不管是"民亦劳止，汔可小康"，还是"安得广厦千万间，大庇天下寒士俱欢颜"，都反映出惟愿苍生俱饱暖这一中华民族几千年来孜孜以求的社会理想。在 21 世纪的头 20 年，我们已经全面建成了小康社会，实现了第一个百年奋斗目标，特别是取得了全面脱贫攻坚战的伟大胜利，历史性解决了绝对贫困问题，但是脱贫摘帽不是终点，而是新生活、新奋斗的起点。如何在此基础上全面推进乡村振兴，是"十四五"时期乃至更长时期做好"三农"工作的头等大事。

　　习近平总书记在浙江工作期间就开始了乡村振兴的伟大实践。着眼于改善农村生态环境、提高农民生活质量，习近平总书记亲自谋划、亲自部署、亲自推动了"千村示范、万村整治"工程即"千万工程"。二十多年来，"千万工程"扎实推进，不断迭代升级，引领浙江农村呈现出一派人居和谐、生态宜居的美好图景，也向全世界展示了乡村振兴的中国式现代化道路。"千万工程"创造了推进乡村全面振兴的成功经验和实践范例，2024 年中央一号文件鲜明提出学习运用"千万工程"经验推进乡村全面振兴，为实现农业强国建设目标作出具体部署要求，这对做好"三农"工作具有重要意义。

▶ 什么是千万工程

　　2003 年 6 月，时任浙江省委书记的习近平同志作出一项战略决策，从全省近 4 万个村庄中选择 1 万个左右的行政村进行全面整治，把其中 1000 个左右的中心村建成全面小康示范村，并以此为龙头，深入推进社会主义新农村建设。这就是"千村示范、万村整治"工程（"千万工程"）。为什么要实施"千万工程"？二十多年前，浙江很多农村地区可以用脏乱差来形容，有的村子"信访多、垃圾多、苍蝇多"，有的村子河流因严重污染变成了"牛奶河"，有的村子"亲戚都绕着走"……恶劣的环境严重影响着农民群众的生产生活，老百姓强烈盼望整治农村环境。所以，习近平同志经过广泛深入调查研究，立足浙江省情农情和发展阶段特征，作出了实施"千万工程"的战略决策。

习近平同志具体部署并推动实施了这一工程。他亲自制定了"千万工程"的目标要求、实施原则和投入办法，特别是创新建立、带头推动"四个一"工作机制，即实行"一把手"负总责；成立一个"千万工程"工作协调小组，由省委副书记任组长；每年召开一次"千万工程"工作现场会，省委省政府主要领导到会并部署工作；定期表彰一批"千万工程"的先进集体和个人。习近平同志出席 2003 年的"千万工程"启动会，并连续 3 年在"千万工程"工作现场会上发表重要讲话，为实施"千万工程"指明了方向。我们所熟知的"绿水青山就是金山银山"的发展理念，就是习近平同志 2005 年在安吉县余村调研时提出的，这一发展理念要求把生态建设与"千万工程"更紧密结合起来，美丽乡村建设成为"千万工程"重要目标。

习近平同志担任党的总书记后，始终牵挂着"千万工程"，多次作出重要指示批示。例如，习近平总书记始终惦记广大农民群众，强调"一件事情接着一件事情办，一年接着一年干，建设好生态宜居的美丽乡村"，为的就是全面改善农村生产生活条件，让广大农民在乡村振兴中有更多获得感、幸福感。

习近平总书记也作出方法论层面的要求，强调"坚持因地制宜、分类指导，规划先行、完善机制，突出重点、统筹协调"，有力指导督促各地朝着既定目标，持续发力，久久为功，不断谱写美丽中国建设的新篇章。

湖州市安吉县余村

在习近平总书记一系列重要指示批示的引领下，"千万工程"不断深化。二十多年来，"千万工程"的整治范围从最初的1万个左右行政村推广到全省所有行政村，并不断被赋予新的内涵，比如，从"千村示范、万村整治"引领起步，推动乡村更加整洁有序，到"千村精品、万村美丽"深化提升，推动乡村更加美丽宜居，再到"千村未来、万村共富"迭代升级，强化数字赋能，逐步形成"千村向未来、万村奔共富、城乡促融合、全域创和美"的生动局面。

浙江实施"千万工程"以来，农村的面貌发生了深刻改变，村庄越来越美丽，老百姓日子越来越幸福。这里有天蓝地绿水美的生态环境，这里形成了"30分钟公共服务圈""20分钟医疗卫生服务圈"，这里涌现了休闲农业、农村电商、文化创意等新业态，能看到老百姓积极向上的精神风貌，能感受到乡村治理体系和治理能力现代化水平不断提升。"千万工程"促进了美丽生态、美丽经济、美好生活有机融合，并在2018年9月荣获联合国"地球卫士奖"，赢得了国际社会积极反响。可以说，"千万工程"探索出了一条加强农村人居环境整治、全面推进乡村振兴、建设美丽中国的科学路径。

码上阅读

《在深入践行"千万工程"上走前列作示范》

"千万工程"生动诠释和回答了建设什么样的乡村、怎样建设乡村这一历史性课题。浙江实施"千万工程"的成功做法和取得的显著成效中蕴藏着宝贵的经验财富，也蕴含着习近平新时代中国特色社会主义思想的世界观和方法论。我们要总结推广、学习运用这些经验，并转化为推进农业农村现代化的思路办法和具体成效。

 资料链接

"千万工程"的经验和启示

坚持以人民为中心的发展思想。"千万工程"把改善民生福祉作为根本出发点，在尊重农民意愿的同时努力提升农民、发展农民。全面推进乡村振兴，要站稳人民立场，让农村现代化建设成果更多更公平惠及全体农民。

坚持新发展理念。"千万工程"在实施过程中，引导农村地区变革发展理念、转变发展方式，坚持把整治村庄和经营村庄结合起来，把改善村容村貌与发展生产、富裕农民结合起来。全面推进乡村振兴，要完整、准确、全面贯彻新发展理念，实现高质量发展。

坚持系统观念。"千万工程"由当时的浙江省委农办牵头进行整体设计，在此基础上，各地因地制宜、精准施策。全面推进乡村振兴，要统筹部署、协同推进，激发乘数效应和化学反应，提高全面推进乡村振兴的效力效能。

坚持城乡融合发展。"千万工程"是浙江推动城乡区域

协调发展的龙头工程，不断推动城市基础设施向农村延伸、公共服务向农村覆盖、资源要素向农村流动。全面推进乡村振兴，要健全城乡融合发展体制机制，加快形成工农互促、城乡互补、协调发展、共同繁荣的新型工农城乡关系。

坚持久久为功。"千万工程"实施20年来，始终保持战略定力，一任接着一任干，不断延伸整治范围、丰富整治内涵。全面推进乡村振兴，要一张蓝图绘到底，一年接着一年干，不搞"政绩工程""形象工程"。

资料来源：《总结好运用好"千万工程"的好做法好经验》，载于《人民日报》2023年6月27日。

▶ 绘就宜居宜业和美乡村新画卷

陶渊明笔下的桃花源，"有良田、美池、桑竹之属。阡陌交通，鸡犬相闻……"描写了一片神秘的仙境。千百年来，世外桃源成为广大劳动人民对美丽家园和美好生活的向往之地。"千万工程"已经在美丽中国的大地上塑造了千万个"桃花源"。今天，我国广大农村地区的面貌焕然一新，农村生产生活条件已有很大改善，但与快速推进的工业化、城镇化相比，农业农村发展步伐还跟不上，城乡发展不平衡、乡村发展不充分仍是社会主要矛盾的集中体现，全面建设社会主义现代化国家，最艰巨最繁重的任务仍然在农村。因此，建设宜居宜业和美乡村是全面建设社会主义现代化国家的重要内容，是让农民就地过上现代生活的迫切需要，是焕发乡村文明新气象的内在要求。

宁波市鄞州区城杨村，该村是宁波"最美精品线路"的重要节点

农村作为我国传统文明的发源地，我们党一直高度重视乡村建设，从"生产发展、生活宽裕、乡风文明、村容整洁、管理民主"，到"产业兴旺、生态宜居、乡风文明、治理有效、生活富裕"，再到"建设宜居宜业和美乡村"，对乡村建设规律的认识越来越深入，乡村建设的"画像"也越来越清晰。建设宜居宜业和美乡村的目标任务是全方位、多层次的，涉及农村生产生活生态各个方面。2023年12月，中央农村工作会议对和美乡村建设作出具体部署和要求。今后最紧要的任务就是把"千万

工程"蕴含的发展理念、工作方法和推进机制运用到和美乡村建设中，因地制宜、分类施策，循序渐进、久久为功，办成一批群众可感可及的实事，让宜居宜业和美乡村建设取得实质性进展。

扮靓村庄风貌。把村庄装扮好、规划好是广大农民群众的期盼，也是乡村全面振兴的重要内容。当前，农村生活条件已有很大改善，但离基本具备现代生活条件的要求还有不小的差距，厕所、垃圾污水处理、村容村貌等人居环境条件还需持续改善，农村道路、供水、能源、通讯等公共基础设施还不健全，教育、医疗卫生、养老托幼等基本公共服务水平有待提高。浙江在实施"千万工程"过程中，把人居环境整治同生态环境建设结合起来，把可持续发展、绿色发展理念贯穿于改善农村人居环境的各阶段各环节全过程。同时，围绕推进城乡一体化，因村制宜编制村庄布局规划、中心村建设规划、农村土地综合整治规划等，不断推动城市基础设施向农村延伸、公共服务向农村覆盖、资源要素向农村流动。在提升乡村建设水平中，要借鉴"千万工程"经验，坚持生态优先、绿色发展，整治提升农村人居环境，因地制宜推进生活污水垃圾治理、农村改厕和村庄绿化美化亮化。通过科学布局和谋划，统筹推进城乡基础设施规划建设，继续把公共基础设施建设的重点放在农村，推进农村的道路、供水保障、清洁能源、农房质量安全提升，以及农产品仓储保鲜、冷链物流、防汛抗旱、数字乡村等设施建设。还要紧紧围绕逐步使农村基本具备现代生活条件这一目标，加快填平补齐农村教育、医疗卫生、社会保障、养老托育等基本公共服务短板，提升农村基本公共服务水平。

资料链接

河北六大行动推进宜居宜业和美乡村建设

实施农村人居环境提升行动。开展村庄清洁攻坚战，建立健全村庄保洁长效机制。高质量推动农村户厕改造。完善城乡环卫保洁、垃圾处理一体化模式，因地制宜梯次开展农村生活污水治理。

实施农村基础设施补短板行动。大力推进"四好农村路"建设。因地制宜推进供水工程建设，农村自来水普及率达到97.9%。科学布局水库、河道、堤防、蓄滞洪区功能，加快完善防洪工程体系。

实施农村公共服务提升行动。加强农村综合服务站建设，推进镇村两级综合文化站、文化中心建设全面达标。改善义务教育办学条件，推进镇村幼儿园一体化管理。优化乡镇卫生院和行政村卫生室设置。

实施乡村特色产业提质行动。培育发展特色种养、休闲农业、乡村旅游、精品民宿、文化创意、生态康养、农村电商等业态模式。培育发展现代农业产业园，推行"龙头企业＋合作社＋基地＋农户"经营模式，健全完善联农带农机制。

实施乡村治理效能提升行动。完善村党组织领导乡村治理的体制机制，全面提升村党组织政治功能和组织功能，全面推行清单制、积分制、数字化等务实管用的治理方式。

实施乡风文明提升行动。弘扬和践行社会主义核心价值观，深入开展听党话、感党恩、跟党走宣传教育活动，深化群众性精神文明创建。

资料来源：《河北六大行动推进宜居宜业和美乡村建设》，载于《河北日报》2023年12月29日。

强健产业筋骨。作为乡村振兴的重中之重，产业振兴是农村发展的根基，也是实际工作的切入点。浙江在实施"千万工程"过程中，坚持因地制宜、分类指导，根据各地自然禀赋、社会经济条件、风俗文化等整体设计，统筹城市与乡村、硬件与软件、技术与设施、观念与机制，建成了一批各具特色、各美其美的宜居乡村。有的村镇依托景区地理优势，村民开办农家乐，发展起了民宿经济；有的村镇历史文化悠久，吸引了很多农创客前来创业，打造了众多的网红"打卡地"，带动了当地旅游业的发展；有的村子从农耕种植、畜禽养殖等方面全面推进农业产业绿色低碳升级……这启示我们要做好"土特产"文章，基于一方水土，开发乡土资源，充分挖掘乡村在经济、生态、社会、文化等多个方面的独特价值，发展特色产业集群。同时促进农村一二三产业融合发展，推进农产品加工业优化升级，把产业增值环节更多留在农村、增值收益更多留给农民。只有这样，才能让农业经营有效益、成为有奔头的产业，才能让农民增收致富、成为有吸引力的职业，才能让农村留得住人、成为安居乐业的美丽家园。

 **资料链接**

完善强农惠农富农支持制度

党的二十届三中全会通过的《中共中央关于进一步全面深化改革、推进中国式现代化的决定》指出，完善强农惠农富农支持制度，坚持农业农村优先发展，完善乡村振兴投入机制，壮大县域富民产业，构建多元化食物供给体系，培育乡村新产业新业态，优化农业补贴政策体系，发展多层次农业保险，完善覆盖农村人口的常态化防止返贫致贫机制，建立农村低收入人口和欠发达地区分层分类帮扶制度。

资料来源：《中共中央关于进一步全面深化改革、推进中国式现代化的决定》，新华社，2024 年 7 月 21 日。

兼顾塑形铸魂。乡村建设不仅要"富口袋"，更要"富脑袋"。浙江在实施"千万工程"过程中，注重加强精神文明建设，开展多种形式的文化活动，满足农民群众日益增长的精神文化生活需求。例如，杭州市西湖区探索"艺术村长"做法，引入艺术家们深挖村庄文化、寻找文脉，通过"爆改"体育公园、优化道路、设计草坪等打造承载村民公共文化生活的全新空间。还有用艺术振兴乡村的宁海葛家村，唱"村歌"、办"村晚"的江山大陈村……一个个村子用实践证明，乡村是我们身有所栖、心有所依的精神家园，必须发展好乡村精神文明。这启示我们在乡村精神文明建设中，要更加注重在滋润人心、德化人心、凝聚人心的"软件"上下功夫。在农村风俗方面，目前，农村还存在高价彩礼、人情攀比、封建迷信、厚葬薄养、铺张浪费等陈规陋习亟待纠正治理，要创新农村精神文明建设的工作方法，推动农村移风易俗，划清传统礼俗和陈规陋习的界限，旗帜鲜明反对天价彩礼、反对铺张浪费、反对婚丧大操大办、抵制封建迷信。在乡土文化方面，面对城镇化和市场经济的冲击下一些优秀传统乡土文化逐渐衰落凋零、一些各具特色的传统村落正在加速消失的现象，要加强乡村优秀传统文化保护传承和创新发展，保护好农业文化遗产、农村非物质文化遗产。同时建设好农村公共文化阵地建设，围绕农民唱"主角"开展好乡村文体活动，增加"村BA""村超""村晚"等形式多样接地气、深受农民欢迎的文化产品供给。

贵州省黔东南州榕江县村超

遵循共治善治。乡村治理事关党在农村的执政根基和农村社会稳定安宁。当前，我国广大农村地区党组织领导下自治、法治、德治相结合的乡村治理体系还不健全，需要不断提高乡村治理体系和治理能力现代化水平。浙江在"千万工程"实施过程中，鼓励基层创新、共建共享，出台了乡村治理工作规范、村民说事监督规范、村民诚信指数评价规范等形式多样的制度，建设了"百姓议事会""乡贤参事会""道德评议团""百事服务团"等基层治理载体，创设了"河小二""池大爷""塘大妈"等岗位，形成了"幸福积分制""垃圾分类积分制"等激励机制，涌现出以"村企共建"著称的乐清市下山头村、"樟树下议事"的余杭小古城村等各具特色的典型案例。正是在充分发挥基层干部和广大农民积极性主动性创造性的基础上，浙江逐步健全乡村治理机制，乡村治理体系和治理能力现代化水平显著提高。我们要借鉴"千万工程"经验，充分调动和发挥好广大群众的积极性、主动性，让农民自己"说事、议事、主事"。在让广大人民群众参与过程中，利用"互联网＋"治理模式，应用现代信息技术推进治理方式和治理手段的转变，继续推广积分制、清单制、数字化等务实管用的治理方式，更好实现数字化赋能、精细化服务，解决"小马拉大车"等基层治理问题，增强农民群众的获得感、幸福感、安全感。

注重核心引领。 乡村全面振兴离不开党的领导，和美乡村建设必坚持党的领导。只有坚持党政主导，才能确保各项工作落到实处。浙江在实施"千万工程"过程中，凡是"千万工程"中的重大问题，地方党政"一把手"都要亲自过问，并亲自抓。比如，浙江每年召开"千万工程"高规格现场会，省市县党政"一把手"都要参加。充分体现了党建引领、党政主导在"千万工程"中发挥的领导核心作用。"千万工程"实施中，有很多需要尝试需要探索的新鲜事物，以村支部书记等党员干部为代表的基层党组织，身先士卒，敢于做出表率，发挥了"领头雁"作用。我们要借鉴"千万工程"经验，各级党政"一把手"切实承担起领导责任，特别是提升农村基层党组织的组织力、凝聚力、战斗力，发挥党员的先锋模范作用，带领农民群众为过上更美好的日子不懈奋斗。

资料链接

村书记当起农家乐开路先锋

钱江源景区坐落在齐溪镇，景区周边乡村没有围绕旅游的配套设施，游客途经齐溪，难以留下消费，周边乡村充当着"旁观者""配合者""陪衬者"的角色。如何发生转变？2003年，依托景区地理优势，时任里秋田村书记张长班第一个利用自家的房子申请营业执照，"拿起菜刀"在村里办起路边饭店，成为全镇农家乐开路先锋。2005年首批12户农户办起真正意义上的农家乐，到2006年底，累计接待上海、江苏、杭州等地国内游客5.7万余人，形成示范效应和实际效益。有了里秋田的致富先例，齐溪村、龙门、仁宗坑等村村民纷纷办起了农家乐。一些商品意识敏锐的村民拿出自家土特产兜售，在景区周边开设路边摊发展"沿路经济"。现如今，齐溪镇共有登记注册民宿农家乐215家，床位2607张，具备经营条件且正常营业的132家，床位1753张。齐溪镇旅游收入也由2003年的324万元增长至2023年的5960万元，年均增长率达到15.67%；游客数量由3.34万人次增长至39.3万人次，年均增长率达到13.12%。

资料来源：《"千万工程"开化样本——从"种种砍砍"到"走走看看"》，载于《证券时报》2024年6月23日。

▶▶ 守好 "粮袋子" 保障 "菜篮子"

悠悠万事，吃饭为大。粮食安全是"国之大者"，是全面推进乡村振兴的底线任务，保障粮食和重要农产品稳定安全供给始终是建设农业强国的头等大事。农业为人类提供最基本的生产生活资料，是安天下的战略产业，像水稻、小麦、玉米、大豆以及肉、蛋、奶、水产和蔬菜等"粮袋子""菜篮子"产品的安全稳定供给，直接关系到人民群众能否吃得饱、吃得好，直接关系到经济社会发展大局。

我国有 14 亿多人口，每天一张嘴就要消耗 70 万吨粮、9.8 万吨油、192 万吨菜和 23 万吨肉。一个个具体的数字让我们清晰感受到，保证 14 亿多人的"基本口粮"看起来简单，背后其实是一篇大文章，是一项须臾也不能松懈的艰巨任务。国家统计局数据显示，2023 年我国粮食产量达到 1.39 万亿斤，实现了连续第二十年丰收，为经济社会大局稳定提供了有力支撑，也为应对各种风险挑战赢得了主动。近年来，虽然我国粮食生产连年丰收、产量屡创新高，但发展基础仍不稳固，对粮食的需求仍在刚性增长，我们必须坚持立足自身保障粮食和重要农产品稳定安全供给，确保完成各项稳产增产目标任务，把饭碗牢牢端在自己手里。

2024 年 6 月，河北省宁晋县黄退三村正在收割的麦田

关注粮食和重要农产品生产

我国粮食和重要农产品生产供应总体上呈现平稳增长的态势。2023 年，我国粮食产量实现 9 年保持在 1.3 万亿斤以上，棉油糖、肉蛋奶、水产品、果菜茶等供给十分充裕，越来越多绿色优质农产品摆上了老百姓的饭桌。保持住这一良好局面，抓牢稳产保供的主动权，必须时刻盯紧粮食和重要农产品生产。

在稳住粮食生产上，必须完成党中央明确提出的保持 1.3 万亿斤以上的粮食产量的底线任务。全国粮食主产区、主销区、产销平衡区必须将粮食播种面积任务落实到田间地块。据测算，为了满足我国 14 多亿人口的粮食消费需求，必须守住 18 亿亩耕地红线，坚决打击破坏黑土地、非法取土等违法行为。还要加大政策支持力度，提高种粮农民和地区积极性，例如适当提高小麦最低收购价，合理确定稻谷最低收购价，加大产粮大县支持力度，探索建立粮食产销区省际横向利益补偿机制等。

在稳住大豆生产上，积极破解"卡脖子"问题，助推大豆产业高质量发展。我国的大豆产量近年来整体呈增长态势，在全球位居第四，但同时也作为大豆消费大国，我国大豆严重依赖来自南、北美洲的进口，增加了国家经济风险。我国政府近几年下功夫抓大豆生产，大豆自给率两年提高了近 4 个百分点。还需要继续抓好大豆扩种，加大投入，努力突破国际大豆垄断格局。同时做好油菜、花生、油菜等油料作物的种植和生产。

在稳住"菜篮子"产品生产上，加快优化生产方式、增强供给的稳定性。近年来，我国"菜篮子"产品产需形势出现不少新情况新变化，供给总量有时也会发生大幅波动。在经济学中有一种现象叫"猪周期"，是指"价高伤民，价贱伤农"的周期性猪肉价格变化怪圈。猪肉价格高刺激农民积极性增加供给，供给增加后肉价下跌，打击了农民积极性减少供给，供给短缺又使得肉价上涨，周而复始，就形成了所谓的"猪周期"。近几年，我国经过非洲猪瘟引发的超级"猪周期"后，生猪供过于求，猪肉价格持续低迷。为此，我国完善生猪产能调控机制，引导生猪产能顺应市场需求优化调整。除此之外，还要完善重要"菜篮子"产品储备制度和应急保供预案，更好发挥城市批发市场、零售网点、社区菜市场等保障供给"蓄水池"作用。

 名词解释

粮食产销区省际横向利益补偿机制：是一种旨在平衡粮食主产区和主销区之间经济利益的制度安排，通过省际间的直接联系与合作，实现资源的优化配置和利益的合理分配。主要目的是为了弥补粮食主产区与主销区在自然、地理、资源禀赋、历史机遇、发展阶段和产业分工等方面存在的差异，使得粮食主产区与主销区在经济发展上达到均衡。

资料来源：根据百度等网络公开资料整理。

关注提升农业综合生产能力

粮食和重要农产品在保持稳定生产的基础上，还要不断增加产量，最根本的是靠提升农业综合生产能力。农业综合生产能力的提高离不开土地和科技这两个要害。我国提出大力实施藏粮于地、藏粮于技战略，只有深入落实好藏粮于地和藏粮于技，才能全方位夯实粮食和重要农产品安全根基。

藏粮于地。万物土中生，有土斯有粮。耕地是农业综合生产的永久基础，必须把土地保护好、建设好，关键是建设好高标准农田和退化耕地治理。在高标准农田建设上，近年来，我国高度重视高标准农田建设。农业农村部数据显示，2018～

2022 年间共新建高标准农田 4.56 亿亩，截至 2023 年年底，全国已累计建成高标准农田超过 10 亿亩。党的二十大报告提出"逐步把永久基本农田全部建成高标准农田"。高标准农田相比较于普通地块优势明显，通过平整土地、改良土壤等措施，农田产出能力提高，还能提升水、肥、药利用效率。我国也正在优先把东北黑土地区、平原地区、具备水利灌溉条件地区的耕地建成高标准农田，做好建设和管护，确保建一块成一块、永久保护一块。在退化耕地治理上，例如盐碱地治理，我国西北、华北等地还有大量的盐碱地具有开发潜力。像河北沧州、唐山、承德等地分布有盐碱地，各地通过增施有机肥、配施土壤调理剂、秸秆还田等手段改良土壤，经过几年努力，盐碱地有机质含量不断提升。对全国而言，要继续分区分类推进盐碱地耕地治理，实施耕地有机质提升行动，不断提高耕地产出能力。

 名词解释

永久基本农田：基本农田是指按照一定时期人口和社会经济发展对农产品的需求，依据土地利用总体规划确定的不得占用的耕地。永久基本农田即对基本农田实行永久性保护。无论什么情况下都不能改变其用途，不得以任何方式挪作它用的基本农田。

　　高标准农田：是指土地平整、集中连片、设施完善、农田配套、土壤肥沃、生态良好、抗灾能力强，与现代农业生产和经营方式相适应的旱涝保收、高产稳产，划定为永久基本农田的耕地。建设高标准农田，是巩固和提高粮食生产能力，保障国家粮食安全的关键举措。

　　盐碱地：是指土壤里面所含的盐分影响到作物的正常生长。我国碱土和碱化土壤的形成，大部分与土壤中碳酸盐的累积有关，因而碱化度普遍较高，严重的盐碱土壤地区植物几乎不能生存。

　　资料来源：根据相关网络资料整理。

　　藏粮于技。随着科技发展，靠天吃饭的传统农业越来越向靠科技吃饭的智慧农业转变。党的十八大以来，我国农业现代化水平持续提升，水稻、玉米、小麦三大主粮基本实现全程机械化，农业科技进步贡献率超过63%。农业现代化水平的日益提升得益于科技这把利器，科技可以开辟农业生产新空间。比如说种子是农业的"芯片"，种业振兴离不开科技支撑。2023年5月，习近平总书记曾考察沧州黄骅市旱碱地麦田，对做好盐碱地农业这篇大文章做出重要指示。实现盐碱地稳产增产，必须靠科技，解决"以种适地"的问题。黄骅市积极推进旱碱麦科研平台建设，不断进行良种选育工作，先后培育了"冀麦32""捷麦19""捷麦20"等抗旱、耐碱、抗病性强的小麦品种，在沧州滨海盐碱地区得到大面积种植。除捷麦系列之外，还有"小偃60""沧麦6002"等抗盐碱优良品种相继由科研团队选育推出，成为生长于广阔盐碱地上的"新希望"。为农业插上科技的翅膀，还需要完善农业科技创新体系，以企业创新为主体，加强农业农村人才队伍建设，让科技创新引领现代农业建设迈出更大步伐。

 资料链接

加快推进种业振兴的五大行动

2023年9月24日，农业农村部相关负责人在第十五届中国国际种业博览会暨第二十届全国种子信息交流与产品交易会上表示，目前推动种业振兴已取得阶段性成效，历时三年的全国农业种质资源普查即将收官。下一步农业农村部将加力加快推进"五大行动"，力争种业振兴行动再取得一批标志性成果。

在挖掘优异种质资源方面，全面开展国家库（圃）种质资源精准鉴定，组织农作物种质资源登记，发布可供利用的农业种质资源目录，夯实育种创新资源基础。

在推进种业创新攻关方面，以推动大面积单产提升为方向，统筹推进多层次育种创新联合攻关，加快选育一批高油高产大豆、短生育期油菜、耐盐碱作物等急需的突破性品种。

在做强国家种业阵型企业方面，健全精准扶持优势企业发展的政策，强化"一对一"帮扶机制，加快培育一批航母型领军企业、"隐形冠军"企业和专业化平台企业。

在提升种业基地能力方面，深入推进南繁硅谷、甘肃玉米、四川水稻、黑龙江大豆、北京畜禽等育种制种基地建设，力争到 2025 年国家级种业基地供种保障率达到 80%。

在知识产权保护方面，实施品种身份证管理，建立全链条全流程监管机制，严厉打击假冒伪劣、套牌侵权等违法行为，持续优化种业市场环境。

资料来源：《我国将加快推进种业振兴"五大行动"》，光明网，2023 年 9 月 25 日。

关注拓宽稳产保供空间

粮食安全实际上是食物安全。今天，老百姓的食物需求更加多样化了，除了米面油之外，还包括肉蛋奶、果菜鱼、菌菇笋等多种食物。党的十八大以来，我们续写了用占世界 9% 的耕地和 6% 的淡水养育了世界近 1/5 人口的奇迹，粮、油、棉、糖、肉、蛋、奶等重要农产品供给明显增加，老百姓不仅吃得饱，而且吃得越来越好、吃得越来越营养健康。这就是习近平总书记多次强调树立大农业观、大食物观的道理。从更好满足人民美好生活需要出发，掌握人民群众食物结构变化趋势，在确保粮食供给的同时，保障肉类、蔬菜、水果、水产品等各类食物有效供给，缺了哪样也不行。所以，要挖掘农业生产的广度和深度，扩展获取食物的空间。

我国除了耕地之外，还有丰富的林地、草地和江河湖海等资源，都具有生产食物的潜力。在保护好生态环境的前提下，支持森林食品开发、发展深远海养殖等，向森林要食物，向江河湖海要食物，向设施农业要食物，把农业生产资源的领域从耕地拓展到整个国土资源，把传统农作物和畜禽资源向更丰富的生物资源拓展。例如，大黄鱼是我国沿海特有的经济鱼类，上世纪六七十年代因过度捕捞而岌岌可危。经过政府部门、科研机构和渔民数十年的共同努力，一条条大黄鱼重新"游"回了百姓餐桌，大黄鱼种群恢复和产业壮大，正是我国努力构建多元化食物供给体系的缩影。除此之外，还要多途径创新食物生产方式。除了传统的种植养殖之外，生产食物的方式也可以多种多样，关键是应用新技术新设施新方式，例如生物技术可以促进细胞培养肉、人工合成淀粉、微生物生产蛋白质等人工合成食品，这展示了生产科技创新带来的新的食物生产方式。

 **资料链接**

远离海洋的新疆也有"海鲜"

近几年，新疆出产的"海鲜"已经陆续供应全国各地市场。天山南北，沙漠、戈壁的内陆，都有了量产海鲜的基地，让很多人为之惊奇。"到新疆吃海鲜"在网上一度爆火。2023年，新疆水产品稳居西北五省区第一，三文鱼等新疆"海鲜"已成为全国人民"新宠"。

其实，新疆渔业发展具有良好的资源禀赋。新疆具备河流、湖泊、鱼塘、水库、滩涂、沟渠、沼泽等水资源养殖条件，宜渔水域滩涂面积达4600余万亩，特别是依托新疆独特地理和气候条件的高山冰雪融水形成的冷水资源，以及盐碱地资源，为实行海鲜陆养模式，养殖三文鱼、龙虾、螃蟹提供了适宜的环境。随着新疆天然水域渔业资源开发力度逐年加大，渔业发展呈较快增长态势。数据显示，2023年，新疆渔业总产量达17.3万吨、总产值达42亿元。

目前新疆主要水产品种包括四类，分别为早期引进的传统养殖鱼类、不断增加的名特水产种类、新疆特色土著经济鱼类、正在开发的盐碱水养殖种类等。其中，经常登上新闻热搜的新疆"海鲜"，往往以盐碱水养殖种类居多。这就是将苦咸水改良成人工海水，养殖出罗非鱼和南美白对虾等。目前该技术还处于探索阶段，相关水产还有石斑鱼、牡蛎、青蟹、鲍鱼和龙虾等诸多知名"海鲜网红"。

资料来源：根据网络公开资料整理。

福建省宁德市霞浦县海上养殖区

千家万户，小村大国。做好新时代新征程的"三农"工作，责任重大，使命光荣，必须真抓实干、埋头苦干，奋力开创推进乡村全面振兴新局面，为全面建设社会主义现代化国家、实现中华民族伟大复兴作出新的历史贡献。

奋力谱写中国式现代化建设河北篇章

——如何理解习近平总书记视察河北的重要讲话精神为河北发展提供了强大政治引领和科学行动指南？

河北地处中原地区，历史悠久，文化博大精深。习近平总书记对河北知之深、爱之切，对燕赵大地充满深情。上个世纪80年代，习近平同志在正定工作期间，和正定人民"一块苦、一块过、一块干"，对正定倾注了极大的心血和情感，也留下了宝贵的思想财富、精神财富和实践成果。党的十八大以来，习近平总书记11次来到河北，仅2023年就两次视察河北，从太行深山、冀中平原，到渤海之滨、塞外山城，看实情、听民声，坚实的足迹遍布燕赵大地，发表系列重要讲话，作出系列重要指示，亲自谋划推动系列重大国家战略和国家大事，为河北各项事业发展提供了总遵循、总依据、总指引。

核心凝聚力量，核心引领未来。习近平总书记是新时代的领路人，是中国式现代化的总设计师。河北取得的成绩，是以习近平同志为核心的党中央坚强领导的结果，是习近平新时代中国特色社会主义思想科学指引的结果。习近平总书记的关心和厚爱让 7400 多万燕赵儿女深受鼓舞、倍感振奋，必将激励河北人民矢志不渝沿着习近平总书记指引的方向奋勇前进，加快建设经济强省、美丽河北，奋力谱写中国式现代化建设河北篇章，为强国建设、民族复兴伟业作出新的更大贡献。

▶▶ 为河北发展把脉定向、指路领航

难忘的场景感人至深，温暖的话语直抵人心。习近平总书记曾说："我对燕赵大地充满深情。不只是因为我在这块土地上工作过，更是因为这是一块革命的土地、英雄的土地，是'新中国从这里走来'的土地。"2023 年 5 月，习近平总书记在河北考察时说："河北是我工作过的地方，我对这里充满感情，把这里建设好是我的心愿。"在过去十多年里，习近平总书记 11 次视察河北，用脚丈量燕赵这片热土，用心用情谋划河北发展蓝图，带给河北人民无上荣光和无穷力量。河北人民在习近平总书记的指路领航下，凝聚起奋力谱写中国式现代化建设河北篇章的坚定意志和强大动力，把河北建设得越来越好。

高层声音

希望河北全面学习贯彻党的二十大精神，完整、准确、全面贯彻新发展理念，牢牢把握高质量发展这个首要任务和构建新发展格局这个战略任务，在推进创新驱动发展中闯出新路子，在推进京津冀协同发展和高标准高质量建设雄安新区中彰显新担当，在推进全面绿色转型中实现新突破，在推进深化改革开放中培育新优势，在推进共同富裕中展现新作为，加快建设经济强省、美丽河北，奋力谱写中国式现代化建设河北篇章。

——习近平总书记 2023 年 5 月 12 日在主持召开深入推进京津冀协同发展座谈会上的重要讲话

"一定要想方设法尽快让乡亲们过上好日子"

农村没有实现小康，特别是贫困地区没有实现小康，全面建成小康社会的目标就无法实现。习近平总书记高度关心贫困地区的群众，从安危冷暖，到柴米油盐，都饱含着总书记对困难群众的深切牵挂和对全面建成小康社会的深刻思考。2012 年 12 月 29～30 日，党的十八大后习近平总书记第二次外出考察，来到阜平县骆驼湾村、顾家台村，了解中国最贫困地方和群众的真实情况。在这里，习近平总书记向全党全国发出脱贫攻坚的动员令。2017 年 1 月 24 日，习近平总书记来到河北张北县德胜村考察脱贫攻坚工作。在张北，总书记关注精准，"不能眉毛胡子一把抓，而要下好'精准'这盘棋，做到扶贫对象精准、扶贫产业精准、扶贫方式精准、扶贫成效精准"；也关注落实，要求各级党委和政府要把脱贫责任扛在肩上，把任务抓在手上，确保每项工作落实到人，确保贫困人口如期实现脱贫，不能搞虚假扶贫、数字脱贫。河北按照习近平总书记的指示要求，研究脱贫攻坚举措、出台扶贫专件、投入财政扶贫资金、派出驻村干部定点帮扶，举全省之力打赢脱贫攻坚战。河北省统计局公布数据显示，河北从 2012 年有 45 个国定贫困县、17 个省定贫困县、7746 个贫困村，到 2020 年全省 232.3 万贫困人口全部脱贫、7746 个贫困村全部出列、62 个贫困县全部摘帽，河北人民与全国人民一道大踏步走在小康路上。

脱贫之后要接续推进乡村振兴。2021 年 8 月 24 日，习近平总书记来到承德市偏桥子镇大贵口村考察全面推进乡村振兴工作时指出："我们已经全面建成小康社会了，我们农村下一步的目标就是乡村振兴。不仅城镇要好，乡村也要好，乡村城镇一样好。我们不能满足，还要再接再厉。"近年来，河北积极落实习近平总书记要求，大力实施乡村振兴战略，加快发展农村特色产业，不断改善人居环境，巩固脱贫攻坚成果，"三农"工作取得新的成效。河北省统计局公布数据显示，全省粮食生产连续 9 年保持在 700 亿斤以上，全省农村居民人均可支配收入由 2012 年的 8081 元增长到 2023 年的 20688 元。

河北省阜平县骆驼湾村一处民居

 资料链接

2012 年 12 月 29 日至 30 日，习近平总书记冒严寒、踏冰雪来到阜平县看望慰问困难群众。在龙泉关镇骆驼湾村，总书记看望了唐荣斌老人一家。

骆驼湾村唐宗秀老人念念不忘："吃水不忘挖井人，要不是习近平总书记和党中央的好政策，哪来这些好福气！"

唐宗秀老人记得真切：那天，零下十几摄氏度，天寒地冻，玻璃窗上挂着冰花，石头铺成的小路坑坑洼洼，她像迎接亲人一样把总书记挽进了家。"进了屋，总书记也没嫌不干净就坐下来，和我拉家常，问我家种了几亩地、粮食够吃不够吃、养猪了没有，可是亲切！"

"只要有信心，黄土变成金。"总书记盘坐炕头，同乡亲们手拉手，嘘寒问暖、共话发展。

在这里，习近平总书记向全党全国发出脱贫攻坚的动员令："没有农村的小康，特别是没有贫困地区的小康，就没有全面建成小康社会。"

如今，唐宗秀家的土坯房早已改建成 6 间青砖灰瓦房，院里一串红、三角梅开得热闹，屋内冰箱彩电一应俱全。

"家门口就能挣到钱，日子越过越好了！"在村旅游公司上班，唐宗秀和老伴每人每月工资 2100 元，再加上养老金和土地流转金，过上了不愁吃喝、手有闲钱的好日子。如今，阜平县农村居民人均纯收入是 2012 年的 3.7 倍，骆驼湾村、顾家台村收入分别增长了 17.4 倍、18.5 倍。

资料来源：《"我对燕赵大地充满深情"——习近平总书记关心指导河北工作纪实》，载于《河北日报》2022 年 10 月 11 日。

"在对接京津、服务京津中加快发展自己"

千年大计，国家大事。十多年前，河北同北京、天津相比，在社会发展、公共服务水平和质量上存在着明显差距。例如，2014 年河北人均 GDP 仅为北京的 40%、天津的 38%，城镇化率不足 50%。为了解决河北和京津发展落差，习近平总书记把河北全域纳入国家战略，亲自谋划和推动了京津冀协同发展、雄安新区规划建设、北京冬奥会筹办等重大国家战略和国家大事，并且三次考察雄安新区，两次到张家口赛区指导冬奥会筹办，为河北提供了千载难逢的发展机遇。

2014 年 2 月 26 日，习近平总书记主持召开座谈会，确定把京津冀协同发展上升为重大国家战略。自此在京津冀展开了一个区域经济协同发展"大棋局"，这是第一次明确界定了河北的功能定位，并系统制定实施支持河北发展的政策举措。2017 年 2 月 23 日，习近平总书记来到河北省安新县考察并召开座谈会，强调规划建设雄安新区是具有重大历史意义的战略选择，是疏解北京非首都功能、推进京津冀协同发展的历史性工程。1 个多月后的 4 月 1 日，中共中央、国务院决定设立河北雄安新区。2019 年 1 月，习近平总书记在推动京津冀协同发展 5 周年之际，再次来到雄安新区这片热土，留下了"把每一寸土地都规划得清清楚楚后再开工建设"的谆谆告诫，并提出了"世界眼光、国际标准、中国特色、高点定位"的 16 字建设理念。2023 年 5 月 10～12 日，习近平总书记第十次考察河北，第三次来到雄安新区，主持召开高标准高质量推进雄安新区建设座谈会和深入推进京津冀协同发展座谈会，再次为河北在对接京津、服务京津中加快发展自己指明新的方向，要推动京津冀协同发展不断迈上新台阶，高标准高质量推进雄安新区建设，努力使京津冀成为中国式现代化建设的先行区、示范区。

雄安新区商务服务中心

　　2024年是京津冀协同发展十周年。十年来，三地风雨同舟、携手共进，取得丰硕成果。雄安新区拔节生长。在地上，4000多栋楼宇拔地而起，500多公里数字道路四通八达；在地下，水电气暖网所有市政设施管线全部隐藏在其中；在云上，智慧工地、智慧气象、智慧社区、智慧生态系统有序运转。作为北京非首都功能疏解集中承载地的作用进一步显现，城市功能持续完善，生活品质不断提高，正朝着"妙不可言、心向往之"的典范之城迈进。京津冀地区区域整体实力显著提升。根据光明网数据，2023年，三地经济总量达到10.4万亿元；区域内高铁总里程比2013年的1284公里增长了1340公里；三地PM2.5平均浓度较2013年相比降幅分别达到64.2%、57.3%、

64.3%；城镇新增就业累计1595.6万人……可以说，三地协同发展取得重大突破。

游客在位于北京平谷、天津蓟州、河北承德交界处的三界碑拍照打卡

不仅如此，习近平总书记格外关注北京冬奥会从申办到筹办的每一个阶段的关键节点，为张北地区倾注大量心血。2017年1月23日，习近平总书记到张家口考察北京冬奥会筹办工作时指出，"崇礼的发展，不是利用办冬奥会再造一个大城市，规划必须科学。河北省、张家口市要通过筹办北京冬奥会带动各方面建设，努力交出冬奥会筹办和本地发展两份优异答卷。"2021年1月19日，习近平总书记再次来到崇礼，不光提出了要办出特色、办出精彩、办出独一无二的冬奥会要求，更是为河北发展指路。精彩不只在赛场，更在京津冀协同发展的大文章里。要管理好、运用好北京冬奥遗产，做好冬奥场馆赛后利

用，将举办重大赛事同服务全民健身结合起来，加快建设京张体育文化旅游带。河北全面落实"四个办奥"理念和"简约、安全、精彩"办赛要求，举全省之力圆满完成了冬奥会筹办这件大事，并大力发展后奥运经济和文化旅游产业，成为河北高质量发展的重要支撑，河北交出了两份优异答卷。

"加快建设天蓝、地绿、水秀的美丽河北"

绿色发展是发展观的一场深刻变革。河北如何在爬坡过坎、跨越提升的关键时期走好加快转型、绿色发展之路？习近平总书记亲自为河北发展问诊把脉，给了河北最及时、最有力、最直接的指导。

2013年9月，习近平总书记在河北省委常委班子专题民主生活会上一针见血地指出："全国10个污染最严重城市河北占了7个，再不下决心调整结构，就无法向历史和人民交代。"河北必须直面结构失调、污染严重、群众意见大的发展问题，不以GDP增长论英雄，走绿色发展的道路。2016年7月28日，习近平总书记到唐山视察，在唐山市规划展览馆勉励唐山不仅要发展得更好，还要建设得更美，在转变发展方式、调整经济结构、推进供给侧结构性改革等方面走在前列。2017年春节前夕，习近平总书记到张家口考察时指出："去产能特别是去钢铁产能，是河北推进供给侧结构性改革的重头戏、硬骨头，也是河北调整优化产业结构、培育经济增长新动能的关键之策。河北要树立知难而上的必胜信念，坚决去、主动调、加快转。"

2021 年 8 月 23 日，习近平总书记来到塞罕坝机械林场考察，殷切嘱托河北要传承好塞罕坝精神，深刻理解和落实生态文明理念。

十多年来，河北完整准确全面贯彻新发展理念，坚决去产能、主动调结构、加快转变经济增长方式，钢铁产能由峰值时的 3.2 亿吨压减到 2 亿吨以内，2012～2021 年，全省单位 GDP 能耗累计下降了 43%。围绕降碳、减排、扩绿、增长，进行全面绿色转型，持续打好蓝天、碧水、净土保卫战，统筹山水林田湖草沙综合治理，可以说，绿色已经成为河北高质量发展的鲜明底色。

党的十八大以来，在习近平总书记的把脉定向、指路领航下，河北解放思想、奋发进取，经济平稳健康发展，国家重大战略深入实施，脱贫攻坚成果持续巩固，民生工作全面加强，政治生态持续优化净化等，在燕赵大地书写了新的奋斗诗篇。根据河北省统计局公布的数据，2023 年全省生产总值为 4.39 万亿元，比 2012 年多出 2 万亿元，在创新驱动发展、深化改革开放、推进共同富裕、灾后恢复重建等方面不断取得积极成效和进展。2023 年 12 月省委经济工作会议总结的经验启示中，第一条就强调"坚持把习近平总书记重要指示精神作为河北发展的根本指引，不折不扣推动党中央决策部署在燕赵大地落地生根、开花结果。"

资料链接

河北完成各项经济社会指标任务

一年来，面对严峻复杂的外部环境，面对艰巨繁重的改革发展任务，面对史所罕见的洪涝灾害，我们坚持以习近平新时代中国特色社会主义思想为指导，深入学习贯彻习近平总书记视察河北重要讲话和党的二十大精神，在省委领导下，完整、准确、全面贯彻新发展理念，牢牢把握高质量发展这个首要任务和构建新发展格局这个战略任务，抓创新、优结构，扩内需、促协同，战洪水、保民生，统筹灾后恢复重建和经济社会发展，较好地完成了省十四届人大一次会议确定的目标任务。全省生产总值增长5.5%，一般公共预算收入增长5.7%，规模以上工业增加值增长6.9%，固定资产投资增长6.3%，社会消费品零售总额增长9.6%，进出口总值增长7.4%，居民人均可支配收入增长6.6%，主要经济指标增速高于全国平均水平。

资料来源：《河北省政府工作报告》，2024年1月。

▶ 河北有哪些重大国家战略机遇

河北是京畿重地，是京津门户。党的十八大以来，习近平总书记着眼全局、长远谋划，多次到京津冀三地考察调研，激活了区域经济发展内核，给河北发展提供了前所未有的战略支撑。从 2014 年 2 月 26 日在京津冀协同发展座谈会上的重要讲话提出着力加强顶层设计等要求，到 2015 年印发《京津冀协同发展规划纲要》；从提出建设北京城市副中心和雄安新区两个新城，到把筹办北京冬奥会、冬残奥会作为推动京津冀协同发展的重要抓手；从强调积极稳妥有序疏解北京非首都功能，到强调努力使京津冀成为中国式现代化建设的先行区、示范区，习近平总书记的深邃思考和有力推动，为河北加快发展提供了重大的国家战略机遇。

京津冀协同发展向纵深拓展的重大机遇

京津冀三地作为我国经济最具活力、开放程度最高、创新能力最强、吸纳人口最多的地区之一，土地面积 21.6 万平方公里，人口超过 1 亿，经济总量约为全国的十分之一，可以说是拉动中国经济发展的重要引擎。再加上京津冀地缘相接、人缘相亲，地域一体、文化一脉，历史渊源深厚、交往半径相宜，完全能够相互融合、协同发展。十年来，从科研合作到产业链联盟，从交通互联到服务共享，京津冀之间的路越织越密，"手"越牵越紧。不仅如此，三地在协同发展推进过程中，在协同创新和产业合作、基础设施互联互通、公共服务共建共享等方领域出台更多举措、取得更大实效。

*将继续强化协同创新和产业协作。*京津冀协同发展根本要靠创新驱动。2023 年以来，京津冀在基础研究、平台建设上努力合作，区域科技创新和产业融合发展水平得到提升。例如，

河北联合京津围绕生物医药、中医药等领域，投入 2400 万元布局多项基础研究任务，吸引 10 项中国科学院重大成熟创新成果到河北转化落地，并且与南开大学、北京理工大学、北京交通大学等京津高校新组建 4 家合作共建科技平台示范基地。伴随着创新协同发展，三地产业联系越来越紧密。例如，2023 年 11 月，京津冀首次聚焦产业链供应链召开的联合招商大会，达成意向签约项目 152 个、意向投资额超千亿元。随着今后三地进一步深化协同创新共同体建设，河北企业创新能力提升和产业转型升级也将不断取得更多实效。

将继续推进基础设施互联互通。近年来，越来越多的京津游客喜欢自驾前往河北去旅游，这背后，离不开便捷的交通支持。京津冀交通协同发展，不仅是人畅其行，还有物畅其流。例如，到达天津港的进口车厘子，6 小时完成清关手续后，装载货车从天津港出发，一路畅通至北京高碑店，最快仅需两个半小时就能端上北京市民的餐桌。可以说，京津冀三地打通了"大动脉"、畅通了"微循环"，公路、铁路、机场等布局日趋完善，目前已经形成了多节点、网格状、全覆盖的综合交通网络。同时，一体化运输服务和交通运输协同管理也更加完善，带动了技术流、资金流、人才流快速流动。今后还将大力推进京津干线公路网、环京地区通勤定制快巴网络、环渤海集装箱运输网络等项目，京津冀三地间的基础设施互联互通将更高效和便捷。

将继续加快公共服务共建共享。公共服务看似是"小事"，对应的却是民生"大事"。津冀三地一体化发展，协同发展之花结出了增福祉惠百姓之果。以医疗为例，近两年，越来越多北京和天津的参保群众来河北养老就医。数据显示，2024 年以来，京津参保人到河北环京的 24 县门诊就医人数达到 67 万人次，同比增长 211.26%，进一步推动了河北康养产业的发展。三地的文化、体育交流也日益频繁，例如，天津评剧、北京京剧来到河北演出，让河北观众领略了京津名家风采；河北举办多项体育竞赛活动，越来越多的京津选手参与其中。老百姓还切实享受到了在教育、政务服务等方面协同的红利。今后京津冀三地将继续在京津冀医联体建设、文旅合作、高校师资队伍建设等方面深化协同合作，老百姓美好生活将更加有滋有味。

高标准高质量推进雄安新区建设的重大机遇

雄安新区是新时代改革创新的产物，设立雄安新区的考虑是在河北比较适合的地方规划建设一个适当规模的新城，集中承接北京非首都功能。建设雄安新区，绝非简单地建一座新城，而是要探索城市建设发展新路径、解决"大城市病"新模式、培育全国创新驱动新引擎、促进区域协同发展新路子。中央制定了一揽子特殊支持政策，京津冀三地党政领导也多次调研、协商，制定出台多项举措，落实中央支持政策，致力于让雄安新区在推动高质量发展方面成为全国的一个样板。

雄安新区容东片区

　　汇聚创新火花。雄安因创新而生，靠创新发展，建设未来之城最需要创新的力量。出台《支持企业创新发展若干措施》等 12 个科技创新支持政策，加快推进中关村先行先试改革政策落地，建立科创中心、中试基地、软创街区等 10 余个创新平台载体，支持疏解单位牵头组建创新联合体，筹建中国空天信息和卫星互联网创新联盟……如今的雄安新区，科技创新资源在这里汇聚，创新生态日益优化，创新氛围日益。例如，"千企雄安行"搭建了创新型企业与雄安的桥梁，让寻找适合产业发展新场景的科技创新企业走进雄安、落地雄安。2023 年 9 月以来，雄安举办 50 多场对接会，累计对接 5000 多家高成长性科创型企业、聚集 110 多家创新型企业。在雄安新区推动下，未来将汇集更多各类创新主体，变应用场景为发展前景，为未来之城打造创新驱动发展的强大引擎。

打造创业热土。城市的生机和活力源于持续不断的创新，也源于奔赴而来的创业者。雄安新区以开创性政策增强疏解内生动力，吸引更多疏解单位和疏解人员。2023 年雄安新区公布实施的"雄才十六条"，有效激活人才资源，让人才和城市实现了"双向奔赴"。例如，"雄才十六条"明确雄安将定期举办"雄才杯"创新创业大赛，获奖项目落地后给予 10 万到 50 万元奖励，并提供两年免费办公和住宿场所，让初创企业项目团队在雄安安心创业。数据显示，2023 年以来，雄安新区持续举办了 12 场次"雄才杯"创新创业大赛和相关路演活动，共有 800 余个高层次人才创业项目进行路演。雄安还推进京雄同城化，出台教育、医疗、薪酬、社保、住房等系列配套疏解政策，让疏解单位和疏解人员得实惠、愿意来、留得下。未来，将会有让更多的人了解雄安、来到雄安、扎根雄安，推动创新链、产业链、人才链、资金链、供应链、价值链"六链"融合发展，让雄安新区不仅是新时代的创新高地，更是创业热土。

塑造现代化城市风貌。高水平社会主义现代化城市是未来雄安新区的模样。就拿雄安新区容东片区的数字道路来说，表面上看，那些纵横交织的道路与普通道路无异，而实际上，一根根矗立在路两侧的灯杆上安装了摄像头、雷达、5G 网络以及各类传感器，能够实时采集相关数据并传输给"城市大脑"。

"城市大脑"根据实时路况数据，可以调控红绿灯时间、设置"绿波带"，让车辆一路绿灯，畅快通行。这样的灯杆总量已经超过 1 万根，数字道路总长超过 150 公里，容西、昝岗、雄东等片区也都在开展数字道路建设。雄安不光打造全国首条城市级的数字道路，还有全国首家城市级综合能源调度中心、全国首创"数币贷"企业融资新品种等，将来还会有越来越多的"全国首创"为现代化城市探路，把"妙不可言"融入生活，让"心向往之"成为现实，推动"未来之城"在高标准高质量建设道路上不断实现新的跨越。

 **资料链接**

雄安新区建得怎么样了?

2024 年 3 月底，150 米高的中国中化大厦主体结构封顶。这栋大楼与附近的中国华能总部大楼一起，刷新了雄安的天际线。

走进雄安，商服中心、大学园图书馆、雄安体育中心等地标性建筑气势如虹。崭新的居民楼、写字楼巍然矗立，五星级酒店、奥特莱斯、书店等场所不断上新。在容东、容西、雄东等新建片区里，12 万名群众回迁新居。

承接疏解加力提速，央企已在雄安累计设立各类机构 200 多家。北京科技大学、北京交通大学等 4 所疏解高校和北京大学人民医院项目建设有序推进。北京援建的"三校一院"平稳运行，雄安宣武医院已累计接诊 3.9 万多名患者，日前顺利完成首台手术。

科技创新平台和产业载体加快建设。目前，雄安新区中关村科技园、科创中心中试基地、软创街区、金湖未来城、中交未来科创城等 10 余个创新产业平台和一批特色主题楼宇投用，为科技型企业提供了投资创业平台。

一片平地起新城。经过 7 年规划建设，雄安 380 多个重点项目累计完成投资 6700 多亿元，建起 4000 多栋楼宇。环城市外围道路框架、内部骨干路网、生态廊道、水系构成的城市建设"四大体系"基本形成，实现了从"一块地"绘就"一张图"建起"一座城"的蝶变。

资料来源：《雄安七年：拔节生长建新城》，新华网，2024 年 4 月 2 日。

对河北而言，按照习近平总书记关于抓好灾后恢复重建的指示要求，用好中央支持灾后恢复重建的政策利好将促进提升全省防灾减灾救灾能力。2023 年 7 月底至 8 月初，河北遭遇了史所罕见的特大洪涝灾害。习近平总书记在抗洪抢险救灾的紧要关头和灾后恢复重建的关键时刻，多次作出重要指示，并到河北考察灾后恢复重建工作，为河北灾后恢复重建工作提供了根本遵循。中央研究部署了一系列支持灾后恢复重建工作的政策。河北获得对国家蓄滞洪区运用期间群众的水毁损失补偿资金 8.3 亿元，让受灾群众吃上了"定心丸"。特别是中央决定增发 1 万亿元国债，下大功夫，花大本钱，用于支持灾后恢复重建和提升防灾减灾救灾能力的项目建设，这将大大提高河北的防灾减灾救灾能力。河北将用两年时间完成灾后恢复重建工作。当前，河北正在全力以赴抓好灾后恢复重建，加快道路、电力、通信、市政等重建项目建设，坚持把房屋修缮加固重建作为头等大事，让群众住上放心房、安全房。今后将继续加快建设防洪重点工程和应急救援队伍建设，完善应急管理体系和农业、农房、巨灾等保险政策，为老百姓能够实现安居乐业筑起坚固屏障。

霸州东淀北大堤水毁修复项目

▶▶ 让中国式现代化在河北展现勃勃生机

河北不仅有着厚重的历史文化底蕴，更有着推动现代化发展的无限活力。从古老的燕赵大地到京津冀携手打造中国式现代化建设先行区、示范区，河北围绕推进中国式现代化这个最大的政治，抓创新、优结构，扩内需、促协同、保民生，成为中国式现代化进程中生动鲜活的缩影。新时代新征程，必须加快建设经济强省、美丽河北的脚步，奋力谱写中国式现代化建设河北篇章！

 **资料链接**

河北省2024年经济社会发展任务目标

2024年河北省政府工作报告对实现2024年任务目标做出五方面部署。一是坚持以科技创新引领现代化产业体系建设，推动创新链产业链资金链人才链深度融合，不断催生新产业、新模式、新动能，打造发展新引擎，抢占未来新赛道，加快形成新质生产力，努力在推进创新驱动发展中闯出新路子。二是坚持在对接京津、服务京津中加快发展自己，扭住疏解北京非首都功能"牛鼻子"，强化协同创新和产业协作，集中力量抓创新、促疏解、聚人气，以重大国家战略活跃发展全局，努力在推进京津冀协同发展和高标准高质量建设雄安新区中彰显新担当。三是坚持生态优先、绿色发展，调整优化产业、能源、运输结构，加强资源节约集约利用，发展绿色低碳产业，倡导绿色生活方式，努力在推进全面绿色转型中实现新突破。四是坚持改革不停顿、开放不止步，以思想解放引领经济发展，以市场化改革破解瓶颈制约，以高水平开放吸引全球资源，打造一流营商环境，主动融入全国统一大市场，努力在推进深化改革开放中培育新优势。五是坚持以人民为中心，多谋民生之利、多解民生之忧，从一件件小事做起、从一个个问题抓起，改进公共服务，办好民生实事，努力在推进共同富裕中展现新作为。

资料来源：《河北省政府工作报告》，2024 年 1 月。

以科技创新引领产业创新。科技是第一生产力，也是第一竞争力。近年来，河北深入实施创新驱动发展战略，努力使科技创新这个"关键变量"转化为高质量发展的"最大增量"，通过科技创新带动转型升级，产业基础越来越高级化、产业链越来越现代化。例如，2022 年起，河北钢铁行业先行试水，启动 7 个重点行业环保绩效创 A，推广低碳冶金、洁净钢冶炼等先进技术，钢铁企业含"新"量明显提升，传统产业也不断迈向高端化、智能化、绿色化。目前，河北钢铁环保绩效 A 级企业数量排在全国第一。2023 年，河北在国家技术发明奖奖项上实现主研项目一等奖零的突破，企业工业设备上云率继续保持全国第一，研发经费增速居全国第六……都是河北创新发展取得的成果。继续在创新驱动发展中闯出新路子，要强化企业创新主体地位，以更大力度加强科技创新平台建设，壮大新能源和智能网联汽车产业集群，推进产业数字化和数字产业化等。

唐山百川智能机器股份有限公司的工作人员正在为机器人产品组件刷漆

 资料链接

中电科十三所取得多项技术突破

中国电子科技集团公司第十三研究所，1956年始建于北京，1963年迁至河北石家庄，是我国规模较大、技术力量雄厚、专业结构配套齐全的创新型、综合性半导体核心电子器件骨干研究单位，是我国重要的高端核心电子器件供应基地、半导体新器件新技术创新基地。

近年来，中国电科产业基础研究院攻坚克难，取得多项芯片技术突破，实现外延生长、芯片设计、工艺加工、模块设计、封装测试等全产业链自主保障。特别是，2023年，中电科十三所在太赫兹领域，氮化镓太赫兹功放单芯输出功率获得极大提升，达到世界一流水平。神舟十八号载人飞船就搭载了产业基础研究院自主研发的芯片、滤波器、振荡器、多种组件、传感器等十余种、上百件产品，助力发射任务圆满成功。

资料来源：根据网络公开资料整理。

以有效投资和消费激活内需市场。投资和消费是内需市场不可或缺的两个方面，二者相辅相成，消费需求的增长可以吸引投资进入提高产能，良好的投资环境又可以提高收入和消费能力。2023年，全省固定资产投资增长6.9%，增速高于全国平均水平；全省餐饮住宿、体育娱乐等消费加快恢复，全年旅游收入突破1万亿元。消费和投资的平稳增长有力拉动了全省经济增长和就业增加，为推动实现高质量发挥了积极作用。当前虽然面临有效需求不足、社会预期偏弱等形势，但随着经济回升向好态势持续巩固，经济活力不断释放。特别是随着文旅融合，从夜间游到研学游，从"跟着赛事去旅行"到城市漫步新玩法，流动人群显示出满满活力。要进一步挖掘消费和投资潜力，扩大有效益的投资，激发有潜能的消费，形成投资和消费相互促进的良性循环。一方面是抓投资上项目，例如，河北发改委发布 2024 年重点建设项目名单，涵盖战略性新兴产业、传统产业改造升级、基础设施和社会事业等领域，共 630 多项、总投资超 1.3 万亿元，要努力推动各个项目投资落地。另一方面是消费提振，落实"消费促进年"各项部署，扩大新能源汽车、电子产品等大宗消费，推动消费品以旧换新，激发和释放农村消费活力。

以全面深化重点领域改革增强发展内生动力。面对复杂严峻的外部环境和发展不平衡不充分的国内问题，只有通过全面深化改革，解决制约发展的体制机制障碍，释放社会发展活力。近年来，河北积极谋划一批切口小、作用大、见效快的改革性举措，撬动了大变革，带来了大突破。比如，全面推行以招标投标专家盲抽、技术标盲评为主要内容的"双盲"评审，积极探索公益项目和大型基础设施建设引入市场化资金的有效途径，所有涉企事项和民生领域审批事项集中进入政务服务大厅等。河北省委十届六次全会对全省进一步全面深化改革作出系统部署。必须聚焦重点任务和关键环节持续攻坚突破。比如，在政务服务方面，推行"高效办成一件事"，加快全省一体化政务大数据体系建设，让企业和群众方便快捷少跑腿；在财税金融方面，推进省以下财政体制改革，落实结构性减税降费政策，支持科技创新和制造业发展等。

资料链接

河北省委十届六次全会对进一步全面
深化改革作出系统部署

2024 年 8 月 23 日,中共河北省委十届六次全会召开。全会强调,要坚决贯彻党中央进一步全面深化改革的战略部署,要围绕发挥经济体制改革牵引作用,坚持和落实"两个毫不动摇",持续营造一流营商环境,完善扩大消费长效机制,塑造高质量发展的新动能新优势。要围绕发展全过程人民民主和健全法治体系,更好发挥人民代表大会和人民政协制度优势,更好发挥统一战线凝聚人心、汇聚力量政治作用,推动民主政治建设和法治河北建设达到更高水平。要围绕深化文化体制机制改革,完善意识形态工作责任制,健全网络综合治理体系,推进文旅深度融合发展,激发建设文化强省的创新创造活力。要围绕健全保障和改善民生制度体系,完善就业优先政策,健全社会保障体系,让现代化建设成果更多更公平惠及全省人民。要围绕深化生态文明体制改革,完善精准治污、科学治污、依法治污制度机制,加快建设天蓝地绿水秀的美丽河北。要围绕服务保障新安全格局,完善公共安全治理机制,健全社会治理体系,建设更高水平的平安河北。要围绕深化党的建设制度改革,完善党中央重大决策部署落实机制，健全全面从严治党体系，大力推进党风廉政建设和反腐败斗争，扎实营造风清气正的政治生态。

资料来源：河北省人民政府网站。

以高水平开放获得更大发展。开放带来进步，封闭必然落后。过去 40 多年，我国经济发展的巨大成就是在不断扩大开放条件下取得的，河北也是如此。放眼河北，渤海之滨，灯火通明的码头繁忙如昼；新丝路上，中欧班列风笛嘹亮；综保区内，货物进出一派繁忙……一个个开放场景，彰显着河北澎湃的发展活力。河北省统计局数据显示，2023 年，全省进出口总值增速高于全国 7.2 个百分点，唐山港货物吞吐量继续稳居世界第二，中欧班列开行数量持续增长，实际使用外资保持增长等，对外开放取得亮眼成绩。为实现高水平开放，河北提出以临港产业强省建设服务海洋强国战略。作为沿海省份，河北拥有 487 公里海岸线和秦皇岛港、唐山港、黄骅港等港口。要继续支持国际陆港建设，加快港口转型升级，把沿海优势变成发展优势，构建向海发展新格局。还要充分用好国内国际两个市场、两种资源，巩固外贸外资基本盘，深度融入共建"一带一路"，发展更高层次的开放型经济。

河北唐山港京唐港区煤炭码头

以办好民生实事增进民生福祉。中国式现代化，民生最大。人民对美好生活的向往就是我们的奋斗目标。2023 年，河北办好民生实事，全面完成 20 项民生工程，解决群众急难愁盼问题。河北省统计局数据显示，全省居民人均可支配收入增长 6.6%，城镇新增就业近 90 万人，养老金、失业保险金、城乡低保标准继续提高，基本医疗保险参保率稳定在 95% 以上，重点民生领域实现社保卡居民服务"一卡通"，人民群众的获得感、幸福感、安全感不断提升。继续发展民生和社会事业既要全心全力也要立足实际，河北提出要坚持尽力而为、量力而行，全力做好重点群体就业、教育、养老、社会保障等事业，提升民众的生活质量和幸福感。例如，2024 年河北继续实施 20 项民生工程，包括城镇老旧小区改造、义务教育学校扩容提质、就业促进、文化惠民、"四好农村路"提升、特殊困难老年人家庭适老化改造等工程，涵盖了住房、教育、医疗、文化、交通、养老等多个领域，一项项含金量高的举措将进一步增进民生福祉。

 **资料链接**

2024年河北20项民生工程

1. 棚户区改造工程。建成棚改安置房7万套。2. 城镇老旧小区改造工程。改造城镇老旧小区827个。3. 口袋公园建设工程。新建口袋公园157个。4. 灾后农房恢复重建工程。5. "四好农村路"提升工程。建设改造农村公路6000公里。6. 义务教育学校扩容提质工程。全省新建、改扩建义务教育学校100所，校舍面积50万平方米。7. 农村厕所改造工程。改造卫生户厕29.79万座，建设公厕2692座，恢复重建粪污处理站144座。8. 孕妇产前基因免费筛查工程。9. 普惠托育服务扩容工程。新增普惠托位5000个左右。10. 中小学生脊柱侧弯防控工程。组织开展全省1160万中小学生脊柱侧弯筛查。11. 特殊困难老年人家庭适老化改造工程。12. 养老服务人才队伍素质能力提升工程。新增养老护理员持证人员3000人以上。13. 社会救助扩围增效工程。对全省符合条件的困难群众实现"应保尽保、应救尽救"。14. 就业促进工程。创建省级劳务品牌40个，优化升级50家创业孵化基地，失业人员再就业 20 万人。15. 精准助残服务工程。16. 低保特困"两癌"患病妇女救助工程。17. 法律援助扩面提质工程。对重点人群提供无偿法律援助服务 5 万件以上。18. 文化惠民工程。组织开展文化进基层惠民演出 2 万场以上。19. 体育惠民工程。建设或提升标准化体育公园和小型体育主题公园 200 个。20. "河北福嫂·燕赵家政"提质扩容工程。

资料来源：河北省人民政府网站。

新征程前景广阔。2024 年是新中国成立 75 周年，河北必须在新时代新征程展现新气象新作为，把坚持高质量发展作为新时代的硬道理，完整、准确、全面贯彻新发展理念，积极融入和服务构建新发展格局，让中国式现代化宏伟蓝图一步步变成美好现实。

让创新源泉在燕赵大地充分涌流

——如何培育壮大新质生产力加快推进河北新旧动能转换？

燕赵大地，自古工匠与创新人才辈出。隋代的赵州桥，闪烁着古代工匠精神的光芒，写下世界桥梁史上浓墨重彩的一笔。唐代的曲辕犁，在中国耕犁发展史上具有划时代的意义，是当时世界上最先进的耕地工具。步入新时代，"以创新推动新质生产力加快发展"成为新的主旋律，燕赵大地春潮涌动，向新而行、向上攀登。河北将以科技创新催生新发展动能为主线，加快改造提升传统产业，发展壮大战略性新兴产业，部署未来产业，以新质生产力推进高质量发展，让"创新之花"在燕赵大地处处盛放。

习近平总书记统筹把握国内国际两个大局，准确把握我国高质量发展的客观要求，提出了"新质生产力"这一富有时代气息的重要概念。围绕发展新质生产力，总书记在中共中央政治局第十一次集体学习时强调："要及时将科技创新成果应用到具体产业和产业链上，改造提升传统产业，培育壮大新兴产业，超前布局建设未来产业，加快构建以先进制造业为支撑的现代化产业体系"。遵循总书记的方向指引，河北加快推动钢铁、装备制造等传统产业改造提升；加快推进生物医药、电子信息、机器人等新兴产业不断壮大；着力围绕空天信息、卫星互联网等未来产业加快布局，努力使科技创新这个"关键变量"转化为高质量发展的"最大增量"，让创新创造的活力在燕赵大地充分涌流。

▶ 传统产业升级：焕发朝阳般的新活力

传统产业是我国国民经济的"基本盘"，是现代化产业体系的根基，其发展关乎现代化产业体系建设全局。第二十届中央财经委员会第一次会议明确提出，传统产业不能当成"低端产业"简单退出，要坚持推动传统产业转型升级。河北传统产业体系完备，钢铁、装备制造、化工、食品、医药等产业具有一定市场优势，涌现出河钢集团、长城汽车、中信戴卡、中车唐山、保变电气、石药集团、君乐宝等一批行业龙头企业，钢材、平板玻璃、维生素 C 等产品产量居全国第一。在推进高质量发展的进程中，河北不能简单地以"压减"和"退出"对待具有良好发展基础的传统产业，而要加快用新技术改造提升传统产业，推动传统产业向高端化、智能化、绿色化转型。

传统产业也能做出高端产品

传统产业高端化就是要通过关键技术攻关，实现产业技术突破，打造出本产业领域的精细产品、高端产品乃至标志性产品。比如圆珠笔笔头的问题，制笔行业是国内的传统行业，2016 年，国内有 3000 多家制笔企业、20 余万从业人口、年产圆珠笔 400 多亿支，我国是当之无愧的制笔大国，但一连串值得骄傲的数字背后，却是大量的圆珠笔生产需要进口核心材料和设备的尴尬局面。直到太钢集团研发出适宜用作"笔头"的不锈钢材料后，这一局面才得以扭转。从圆珠笔行业的发展看，传统产业不是要简单地退出，而是要进一步优化产业内部结构，推进核心技术攻关，才能制造出行业的高端产品，才能真正获取和展现传统产业的利润和价值。

河北推动传统产业高端化发展，就是要把阻碍先进制造、高端制造的技术"堵点"打通，要推进制造业重大技术改造升级和大规模设备更新工程，加快落后低效设备替代，推广高端先进工艺设备；要加快建设科技创新联合体、新型研发机构等协同创新平台，形成多元化创新联盟，实现高端产品、标志性行业产品的河北制造。

 典型案例

技术创新让传统产业焕发新生机

2024年5月8日，习近平主席访问塞尔维亚时把两件工艺品赠送给了武契奇总统，中塞友谊自此进入比"铁杆"更铁的"钢杆"时代。这两件工艺品是由中国河钢斯梅戴雷沃钢厂生产的精品钢材制成的。斯梅戴雷沃钢厂原是塞尔维亚的一家百年钢厂，8年前濒临倒闭，中国河钢收购之后，先后派出20个技术和管理专业团队、260多名专家多次赴河钢塞钢，从工艺、设备、质量等方面进行起底式专业诊断，输入具有河钢自主知识产权的26项行业领先技术，实施120余项技改项目，显著提升了钢厂技术水平和可持续发展能力，让这家位于多瑙河畔的钢厂重新焕发生机。作为"国礼"的这两件精钢工艺品，正是传统产业高端制造的典型代表。

资料来源：根据网络公开资料整理。

在塞尔维亚进行国事访问的习近平主席向武契奇总统赠送的礼物

传统产业也能实现智能制造

传统产业智能化就是应用5G、工业互联网、人工智能等新一代信息技术对传统产业生产制造全流程、全要素、各环节进行赋能，实现流程重组、效率提升、智能制造的过程。近年来，随着大数据、云计算、区块链、物联网等新技术的加速创新以及工业机器人、自动化流水线等智能装备的推广应用，许多传统产业的生产制造模式发生了根本性变化，产生出智能工厂、"黑灯"工厂等新形态。所谓"黑灯工厂"，就是工厂的生产制造从原材料到最终成品的所有加工、运输和检测过程几乎不需要人工操作，完全由智能机器人和自动化设备按照系统指令自行完成。简单来讲"黑灯工厂"有三个特点："自动生产""无需人工""全年无休"。黑灯工厂这一生产形态，既减少人工干预又大幅提升效率，代表了工业制造领域的一个重要发展方向。

　　近年来，我国传统制造业的智能化水平不断加速提升，比如中国中化集团江西蓝星星火有机硅有限公司，通过建设5G智慧工厂，实现了设备健康实时预警、生产工艺过程无人化和应急管理一体化等，使得生产管理成本降低20%，工艺安全预判效率提升80%，工艺生产设备无人化提高20%，供应链上下游联动管理效率提高60%。对于河北传统产业而言，要持续推广5G、物联网、云计算以及人工智能等新技术在传统产业的规模化集成应用，建设"产业大脑"，推进数字化、网络化、智能化的整体进程。

 典型案例

大数据时代，钢铁行业数字化转型恰逢其时

　　河钢集团唐钢公司被评为国家2022年度智能制造示范工厂揭榜单位，该公司广泛应用了新一代信息技术，在众多场景采用了人工智能、工业机器人、模型优化算法，结合5G通讯、数字孪生、大数据分析技术，将生产流程管理及产线的工业控制进行了深度融合，引领了钢铁行业数字化转型。

　　在唐钢智能制造的大脑中枢，大屏上显示的是唐钢全生产流程十几道工序中4000多个关键节点数据，"一键炼钢"已经成为现实，不仅降低了工人劳动强度，还提高了生产效

率。如今，公司转炉炼一炉钢平均耗时 34 分钟，转炉出钢时间比过去缩短 10%，平均吹氧时间缩短了 20%，打造了世界领先的智能制造体系。

资料来源：根据网络公开资料整理。

唐钢公司中控室

传统产业更要绿色发展

绿色发展是高质量发展的底色，新质生产力本身就是绿色生产力。传统产业转型升级，不光是经济方面"含金量"要增加，"含绿量"也要不断提升。传统产业绿色化就是要将绿色设计、绿色工艺、绿色生产、绿色管理等贯穿于产品全生命周期，推动产业全方位、全流程绿色化、智能化改造。比如我国的电力行业作为煤炭使用的主要领域之一，广泛开展了煤电机组淘汰和节能降碳改造、供热改造，截至 2023 年底，95% 以上煤电机组实现了超低排放。截至 2024 年初，我国已经建成了全球最大的清洁煤电供应体系。煤制油气技术装备也取得重要突破，相关运行指标不断优化。

传统产业的绿色低碳转型，不仅是对环境责任的担当，更是企业自身长远发展的战略选择，唯有把握政策导向，勇于创新，才能在低碳时代的大潮中乘风破浪，实现经济、社会与环境的和谐共生。河北传统产业的绿色发展，要着力推动传统制造业产品结构、用能结构、原料结构的优化调整和工艺流程再造，构建绿色制造体系，在绿色浪潮中实现华丽的转身。

 典型案例

"氢"启未来，逐绿新生

2022 年 12 月 16 日，在位于张家口市宣化区的河钢集团张宣高科科技有限公司氢冶金公司，全球首例 120 万吨以焦炉煤气作为还原气体的氢冶金示范工程一期项目全线贯通，并于 2023 年 5 月实现连续生产。"这是中国钢铁史乃至世界钢铁史上由传统'碳冶金'向新型'氢冶金'转变的重要里程碑，引领钢铁行业迈入'以氢代煤'冶炼'绿钢'的时代。"中国钢铁工业协会发出贺信，热烈祝贺河钢全球首例 120 万吨氢冶金示范工程一期圆满成功。与传统碳冶金相比，氢冶金以氢气为燃料和还原剂，可以使炼铁摆脱对化石能源的依赖，从源头上解决碳排放问题。"氢"启未来，逐绿新生。河钢用"氢"联通能源与制造，让钢铁的"含金量"更高、"含绿量"更丰富、"含新量"更充沛，不断拓展"绿钢"家族的产品矩阵、打开"绿钢"制造的想象空间，打造了河北传统产业绿色化发展的典范。

资料来源：《河钢"氢"启未来 领跑绿色发展新赛道》，河北省国资委官网，2023年9月8日。

河钢集团全球首例焦炉煤气零重整直接还原示范工程

▶ 新兴产业突破：释放河北发展新动能

战略性新兴产业是以重大技术突破和重大发展需求为基础，对经济社会全局和长远发展具有引领带动作用的先进产业，具有知识技术密集、物质资源消耗少、成长潜力大、综合效益好等特征，对于培育发展新动能、构建新发展格局具有重要意义，也是推动经济高质量发展的重要力量。战略性新兴产业涉及新一代信息技术、高端装备制造、新材料、生物、新能源汽车、新能源、节能环保、航空航天、海洋装备等九大产业，是现代产业体系中的重要增长点和新动能的源泉。

壮大"新动能"取得新进展

近年来，河北不断培育壮大战略性新兴产业，电子信息、生物医药、新能源、新材料等一批新兴产业蓬勃发展，取得了积极成效，呈现出主体融合、要素融合、产业链集聚等新特征，形成了融合发展、协同创新、链式互通的产业生态。

*电子信息：锻造河北产业体系"新基础"。*2023 年 5 月，习近平总书记亲临河北视察，发表重要讲话，作出重要指示，特别就电子信息产业发展提出重要要求，为河北省带来重大发展机遇。河北深入学习贯彻习近平总书记重要讲话精神，把新一代电子信息产业作为河北省重点发展的战略性新兴产业，2023 年河北电子信息产业实现主营业务收入 3505.8 亿元，较上年增长 19.3%，形成了以现代通信、新型显示、第三代半导体为主导，软件、大数据与互联网为重点的产业格局。

近年来，河北在电子信息的五个细分领域实现突破发展。在新型显示领域：维信诺全球首发 14 英寸柔性 AMOLED 卷曲笔记本电脑解决方案，第六代 AMOLED 面板模组产能不断释放，全球市场占有率 10%，居国内第二。在现代通信领域：雄安成立中国空天信息和卫星互联网创新产业联盟，中国电科网络通信研究院率先布局天通卫星芯片，推出全球首款消费类直连卫星手机，国内市场占有率达70%。在光伏领域：英利能源获批光伏材料与电池全国重点实验室，国内首条光伏组件绿色回收处理示范线填补我国技术空白。在大数据领域：张家口纳入国家"东数西算"战略布局，成为全国一体化算力网络京津冀枢纽节点，河北算力指数全国第一，存力指数全国第四。在工业互联网领域：河北被工信部认定为全国唯一设备上云与设备数字化管理能力贯标试点省份，企业工业设备上云率21.2%，持续保持全国第一。

 典型案例

石家庄新一代电子信息产业迈入高质量发展"快车道"

作为1992年建立的省级开发区，河北省鹿泉经济开发区综合发展水平在石家庄市同级同类开发区中名列前茅，是石家庄市新一代电子信息产业的核心承载区。该区2023年入驻电子信息企业数量达到1060家，营收突破850亿元，先后举办或承办"京津冀企业·鹿泉招商引资大会""深圳电子信息产业交流大会"等14场大型招商活动，共对接洽谈项目360个，其中，总投资130.5亿元的118个项目已签约，总投资100.2亿元的145个项目已落地，特别是成功引进了总投资超 30 亿元的泰威航空制造基地项目，为河北电子信息产业发展注入了强大动力。

资料来源：《河北鹿泉经济开发区：新一代电子信息产业高质量发展迈入"快车道"》，载于《国际商报》2024 年 3 月 8 日。

生物医药：建设河北新兴产业"排头兵"。"生物医药产业是关系国计民生和国家安全的战略性新兴产业。要加强基础研究和科技创新能力建设，把生物医药产业发展的命脉牢牢掌握在我们自己手中"，2023 年 5 月 12 日，习近平总书记专程到石家庄市国际生物医药园规划展馆，听取石家庄生物医药产业发展情况汇报，对推进生物医药产业发展作出重要指示。

在习近平总书记的指引推动下，河北生物医药产业实现快速发展，截至 2023 年 6 月，规模以上医药企业数量已达到 458 家。产业创新资源不断聚集，截至 2024 年初河北生物医药产业拥有国家重点实验室 3 家，国家工程研究中心 1 家，国家地方联合工程实验室 9 家，国家企业技术中心 7 家，省级科技创新平台 130 家，高新技术企业 817 家，创新能力不断增强。产业生态持续优化，石药集团、华北制药、以岭药业、石家庄四药、神威药业等 5 家骨干企业进入中国医药工业百强榜；橡一科技等 8 家专精特新"小巨人"企业涵盖生物医药、医疗器械等多个领域；神威药业等 9 家"领跑者"企业，带动了特色产业集群加快发展。

石家庄市国际生物医药园

 典型案例

石家庄市生物医药逐梦"中国好药"

目前，石家庄已建成以高新区、经开区为重点，以栾城、赵县、晋州为配套的生物医药产业发展格局。其中，高新区为高端医药核心区，经开区为生产加工区，是生物医药制造企业聚集地。此外，栾城、赵县、晋州等集群发展迅速，医药企业规模不断壮大。全市拥有生物医药规上企业206家，其中石药、华药等营业收入超10亿元企业13家。作为石家庄重点打造的五大千亿级产业集群之一，生物医药产业于 2023 年底跨上千亿级产业集群的新台阶，开启了凝聚强大向"新"力、加速向高而攀的新征程。

资料来源：《向新而行 逐梦"中国好药"——石家庄生物医药产业绘出高质量发展新图景》，载于《石家庄日报》2024 年 5 月 13 日。

新能源：打造河北绿色发展"新名片"。推进新能源产业加快发展，建设新型能源体系，对经济全面绿色转型具有重要作用。河北具有丰富的新能源资源，尤其是在氢能领域实现了较快发展，截至 2023 年累计建成可再生能源制氢项目 5 个，建成加氢站 18 座，投运氢燃料电池汽车 840 辆，全国首条百辆级别氢能重卡运输线在保定正式市场化运营，已形成覆盖制氢、氢能装备、加氢站、燃料电池、整车及应用的完整产业链，氢能"全产业链"发展全国领先。另外，储能配套是影响新能源消纳的关键环节。河北储能产业迅速发展，结合全国"十四五"规划风电光伏发电规模化跃升发展，河北重点构建了新型储能"一核、一区、两带"发展格局，即以雄安新区为核心打造新型储能研发创新高地，打造张承地区"风电光伏基地＋储能"大规模综合应用示范区，打造太行山脉"光伏＋储能"规模化应用和装备制造示范带，打造沿海"新能源＋储能"和"工业大用户＋储能"多元化应用示范带，带动了整个新能源产业链式发展。

张家口市怀来县官厅水库国家湿地公园景区矗立的风电风机

 典型案例

张家口新能源"风光无限"

张家口是华北地区风能和太阳能资源最丰富的地区之一，且可开发区域地处京津唐电力负荷中心，地势平坦、交通方便，具备建设世界级大型风电场的良好条件。2015年7月，国务院批复同意设立张家口可再生能源示范区，这是全国首个也是目前唯一一个国家级可再生能源示范区。从此，建设可再生能源示范区成为张家口承担的重大国家战略任务，也成为张家口实现高质量发展的重要引擎。张家口已陆续建成张北—雄安1000千伏特高压交流通道、张北±500千伏柔性直流通道和张南、万全、沽源3个500千伏变电站，最大接入能力为2620万千瓦。其中，张北±500千伏柔性直流工程，每年可为北京输送绿电约140亿千瓦时，相当于北京市年用电量的1/10。近年来，张家口纵深推进能源革命，交出了一份亮眼的成绩单：截至2023年7月，张家口可再生能源装机规模累计达到2830.2万千瓦，其中风电装机1954.42万千瓦，光伏装机869.29万千瓦，生物质装机6.5万千瓦，达到全市电力装机总量的82.7%，打造了河北绿色发展的新动能。

资料来源：《张家口新能源"风光无限"》，载于《求是》2023年第16期。

瞄准"融合集群发展"迈向新台阶

党的二十大报告提出"推动战略性新兴产业融合集群发展，构建新一代信息技术、人工智能、生物技术、新能源、新材料、高端装备制造、绿色环保等一批新的增长引擎"。这是党中央、国务院着眼构建新发展格局，建设现代化产业体系做出的一项重大决策，为河北推动战略性新兴产业加快发展指明了方向，提供了根本遵循。

经过近年来的发展，石家庄生物医药、石家庄光电与导航、唐山轨道交通装备等示范基地已经形成了一定规模，集聚了石药、华药、中国电科产业基础研究院（13所）、中国电科网络通信研究院（54所）、中车唐山等一批领军企业和产业链上下游企业，初步形成了融合发展、协同创新、链式互通的产业生态，奠定了河北省战略性新兴产业由集聚发展向集群发展转型的基础。

在下一阶段的发展中，河北要进一步扎实推进石家庄新一代电子信息产业集群、石家庄生物医药产业集群、张家口大数据产业集群、秦皇岛高端装备制造产业集群、唐山高端装备制造产业集群、廊坊信息技术和人工智能产业集群、保定新能源与智能电网装备产业集群、保定新能源汽车和智能网联汽车产业集群、邯郸新型功能材料产业集群等九大战略性新兴产业集群建设，打造引领河北高质量发展的新增长引擎。

 **资料链接**

河北省战略性新兴产业融合发展集群

保定电力及新能源高端装备集群：2022年保定电力及新能源高端装备成功跻身国家先进制造业集群名单，实现了河北省国家级先进制造业集群"零"的突破。该集群以保定高新区为核心承载区，辐射保定市竞秀区、徐水区、满城区、清苑区等周边区域。主要发展方向包括光伏技术及装备、风力发电装备、输变电装备、储能技术及装备等产业链条。该集群效益成果显著，2023年集群加快推进54个重点项目建设，总投资约230亿元，产业集群营业收入预计超过550亿元。2025年产业集群营业收入预计超过600亿元。

　　京津冀生命健康产业集群：2022 年底，由北京、天津、河北省三地共同申报的"京津冀生命健康集群"，成功入选国家工信部公布的国家先进制造集群名单，成为目前国内唯一一家跨省联合的先进制造业产业集群。根据企业需求，该产业集群有望组织生物医药领域重点原料药和化学试剂的供给对接。同时，深化与高校合作，探索联合高校、医院、企业等共建产学研医共同体。京津冀三地有望通过充分利用三地在生命健康产业发展中的创新资源、临床资源、中医药资源以及人才集聚等优势，强化协同联动体制机制，加强三地生命健康产业链上下游配套协作，补齐短板，完善产业配套政策，培育壮大生命健康产业集群规模和能级，打造支撑京津冀高质量发展的战略引擎。

　　资料来源：根据网络公开资料整理。

▶▶ 未来产业引领：擘画河北发展新蓝图

　　当前，未来产业已经成为从中央到地方加快打造新增长引擎的关键领域，发展未来产业不仅有望培育形成一批千亿级甚至万亿级新支柱产业与产业集群，还通过广泛赋能推动传统优势产业向绿色化、智能化、低碳化转型，在强链补链延链上发挥更大作为。河北要紧跟未来产业谋篇布局的重大机遇，加快推进创新应用场景建设，促进重大技术成果创新应用，打造河北省未来产业先发优势，构建多点支撑的未来产业发展布局。

锚定未来发展"新源点"

围绕未来产业发展，国家部委作出了系列新部署。按照"四新"（新赛道、新技术、新平台、新机制）的标准，2023年国务院国资委启动实施启航企业培育工程并于2024年3月，遴选确定了首批启航企业。这些企业多数成立于3年以内，重点布局人工智能、量子信息、生物医药等新兴领域。科技部重组新设立了3个重要机构：一是设立新质生产力促进中心，着重抓好科技创新这个"源头活水"，在新兴产业、高新技术领域加大支持力度，不断开辟新领域塑造新动能；二是设立新技术中心，针对具有前瞻性和预判性的技术，强化研发与应用，加速科技成果转化与应用，促进科技与经济的深度融合；三是设立国际科技合作中心，建设具有全球竞争力的科技创新开放环境，坚持"走出去"和"引进来"相结合，扩大国际科技交流合作，前瞻谋划和深度参与全球科技治理。工信部则联合教育部、科技部等7部委共同印发了《关于推动未来产业创新发展的实施意见》，提出前瞻性的布局未来制造、未来信息、未来材料、未来能源、未来空间和未来健康等六大方向，打造生成式人工智能、元宇宙、脑机接口、量子信息、人形机器人、生物制造、未来显示、未来网络等标志性的产品。

依据国家层面的总体部署，结合河北自身的禀赋和发展基础，未来河北将重点围绕六大领域培育壮大未来产业。

空天信息产业：支持引导雄安新区、石家庄市、廊坊市、保定市等以空天基础设施建设为依托，聚焦空天信息技术、卫星通信、先进遥感、卫星导航、空天装备制造等领域，组建空天信息和卫星互联网创新联盟，打造全国空天信息产业发展新高地。

雄安新区启动区内的中国星网总部大楼建设现场

先进算力产业：支持引导雄安新区、张家口市、廊坊市等突破异构计算、AI 计算、高性能图计算、量子计算等一批基础软硬件和关键核心技术，优化"算力基础设施＋计算系统＋应用＋服务"产业生态，形成布局合理、服务高效、集约共享的先进计算产业体系。

鸿蒙欧拉产业生态：支持引导雄安新区等以建设"鸿蒙欧

拉城市"为目标，围绕电子政务、金融、能源、交通等领域深化应用示范，引入鸿蒙欧拉生态产业上下游企业和创新研发机构，加大算力、数据、场景等方面的支持，支持建设鸿蒙欧拉技术认证适配中心，打造鸿蒙欧拉产业生态。

前沿新材料产业：支持引导唐山、石家庄、保定、廊坊、衡水、邢台市等聚焦石墨烯、碳纤维、新型纳米材料、高温合金等新材料，推动新一代材料与终端产品同步研发、生产、验证和应用。

基因与细胞产业：支持引导石家庄、秦皇岛、保定、廊坊市和雄安新区等聚焦基因组学新技术、基因编辑、细胞与基因治疗等重点领域，加快推进细胞与基因治疗药物的开发和商业化进程，在关键工艺、上下游核心材料、产品开发等方面形成产业集聚和协同。

绿色氢能产业：支持引导张家口、保定、衡水、邯郸、唐山市等加强氢燃料电池电堆材料、可再生能源制氢、多种形式储运等关键技术攻关，加快高效制氢、纯化、储运和加氢等技术装备及基础设施建设，促进氢能技术链产业链供应链协同发展。

打造场景驱动"金摇篮"

近年来，"场景"一词作为前沿技术和颠覆性技术转化为实践应用的特定"载体"，已经多次出现在政策文件中：如科技部《关于支持建设新一代人工智能示范应用场景的通知》明确指出，坚持面向世界科技前沿、面向经济主战场、面向国家重大需求、面向人民生命健康，打造形成一批可复制、可推广的标杆型示范应用场景；再如工业和信息化部等七部门《关于推动未来产业创新发展的实施意见》中更是 20 多次提到"场景"，提出以场景创新带动制造业转型升级，依托载人航天、深海深地等重大工程和项目场景，加速探索未来空间方向的成果创新应用。

 名词解释

　　创新应用场景是为满足经济社会发展需要，为新技术、新产品、新模式提供的真实试验空间和应用场合。创新应用场景本质特点是以价值共创、共生、共赢为目标，以新技术的创造性应用为导向，以场景和技术的供需联动为路径，通过打造和开放新型创新基础设施、真实的技术试验验证环境、广阔的产品应用新市场，促进科技成果快速转化、新技术快速突破迭代、新产品快速推向市场，从而为企业成长营造优质的营商环境，加快高成长性科技型企业发展。

　　资料来源：《打造和开放创新应用场景工作指引》，河北省科技厅网站，2023 年 7 月 27 日。

　　近年来，河北高度重视打造和开放创新应用场景工作，着力制定和发布了《打造和开放创新应用场景工作指引》，明确提出"要面向空天信息、未来网络等前沿科技的应用转化需求，在智能制造、智慧城市、智慧民生、新型消费等领域打造一批未来新赛道的创新应用场景"。

在绿色氢能方向：依托中船派瑞氢能、中集安瑞科、亿华通等处于行业领先位置的龙头企业，推出了"源网荷储模式下氢储能综合集成"等12项氢能创新应用新场景。

在机器人方向：面向冶金、装备制造、建筑、矿山、物流、农业、医疗护理等产业发展需求，推出了矿山勘探与应急巡查场景、高陡岩壁生态修复场景、全脑动脉造影手术场景等6个机器人创新应用新场景。

在先进算力方向：围绕信息计算力、网络运载力、数据存储力，发布的58个"算力+"场景，涵盖钢铁、医药、装备、能源、化工等河北多个重点行业，涉及河钢集团、石药集团、河北建投集团等行业龙头企业和国有重点企业。同时，石家庄人工智能计算中心一期100P算力正式上线并开放测试，向企业、政府、高校等在内的算力需求单位提供通用计算、智能计算和高性能计算等类型的一体化算力服务。

整体来说，河北创新应用场景正紧紧围绕河北经济社会发展方向，加速推动相关科技成果和项目落地，为河北培育壮大未来产业提供有力的支撑。

 **资料链接**

在"未来之城",看见"未来场景"

创新,是"未来之城"雄安的基因。在一张白纸上作画的雄安新区,具备天然的创新场景打造优势,城市管理、运行、生产、生活等各类应用场景需求融合叠加,为创新技术和"未来场景"落地应用提供了广阔空间。围绕智慧城市、智慧生活、智慧物流、安全应急、低碳建筑、绿色城市、智慧农业等多方面未来场景,雄安未来之城场景汇先后启动了首批多项前沿技术大赛,汇聚未来场景、技术和产业,搭建科技、产业、金融紧密结合平台,一系列充满科技感的"未来场景",释放出更多发展新机遇,引领创新成果在雄安等地落地应用。

资料来源:《雄安律动│在"未来之城",看见"未来场景"》,新华社百家号,2024 年 6 月 21 日。

构筑未来产业"新生态"

发展未来产业,河北要从"源头活水"抓起。围绕河北未来产业的方向要求,要着力面向科技源头问题、基础问题做好探索性研究,发掘河北未来产业发展的"金种子"。发展未来产业,河北要打通产业成长的"营养干线",支持保险资金、社保资金等各类"长线"资金"持续投",鼓励社会资本"放心投"，形成多渠道的风险投资合力。发展未来产业，河北要构建有利于成长的"生态苗圃"，强化人才支撑，着力培养战略科学家、顶尖技术人才和领军企业家，强化产业孵化支撑，为"幼苗"的成长提供贴心服务，为未来产业发展提供更加开放包容的大环境。

雄安国际服务机器人大赛中的机器人

做强做优做大河北国有企业

—— 如何理解党中央关于实施国有企业改革深化提
升行动的重大决策部署？

　　我国历史上很早就出现了国家经营。春秋时期，管仲通过
实施盐铁专营政策，为齐国创造了巨大的财政收入，通过国家
对关键资源的控制和经营，不仅增强了国家实力，也为后来的
中央集权制度奠定了经济基础。放眼世界，在历史的长河中，
国有企业扮演着多重角色。在西方资本主义国家中，国有企业
是调节经济社会发展的工具。在我国，国有经济是国民经济的
主导力量，是社会主义公有制经济的重要成分。国有企业作为
国有经济的核心载体，是中国特色社会主义的重要物质基础和
政治基础，在全面推进中国式现代化进程中发挥着不可替代的
作用。

马克思历史唯物主义告诉我们，生产力与生产关系相互作用推动着人类社会的发展。改革就是通过调整生产关系更好适应生产力的发展。党的十一届三中全会拉开了我国改革开放的大幕，作为经济体制改革的重要内容，国有企业改革就此开始。党的十八大以来，党中央持续推进和深化国有企业改革，优化国有经济布局和结构调整，提高国有资本和国有企业提高核心竞争力和核心功能，对于巩固公有制主体地位、更好发挥国有经济战略支撑作用、确保党长期执政和国家长治久安具有十分重要的意义。

▶ 国有企业是党和国家最可信赖的依靠力量

国有企业作为一种生产经营组织形式，由国务院、地方人民政府代表国家履行出资人职责，具有商业性和公益性，其商业性体现为追求国有资产的保值和增值，其公益性体现为实现国家调节经济的目标。

从世界各国经济发展历史来看，国有企业在经济发展的不同阶段都会发挥不同的作用，在国民经济和社会生活中的地位也不尽相同。在早期资本主义发展时期，随着生产资料规模的扩大和交通手段的发展，由国家承担矿山、铁路、公路、港口、邮电等工程，形成了资本主义国有经济，一定程度上推动了生产力的提高。随着资产阶级国家和垄断资本紧密结合，国有化趋势也进一步加强，第二次世界大战后国有企业普遍出现。例如，从1945年开始，英国将一系列基础工业和英格兰银行收归国有，法国将能源部门、保险部门、金融部门和一些大公司改为国家接管。在西方资本主义国家中，国有企业是经济社会发展的调节工具，但并没有也不可能改变资本主义所有制的性质和资本主义剥削的实质。

在我国，国有企业作为中国特色社会主义的重要物质基础和政治基础，是我们党执政兴国的重要支柱和依靠力量。在中国人民政治协商会议第一届全体会通过的《中国人民政治协商会共同纲领》中就提出："国营经济为社会主义性质的经济。凡属有关国家经济命脉和足以操纵国民生计的事业，均应由国家统一经营。凡属国有的资源和企业，均为全体人民的公共财产，为人民共和国发展生产、繁荣经济的主要物质基础和整修社会经济的领导力量。"新中国成立后特别是改革开放以来，我国国有企业发展取得巨大成就，为经济社会发展、科技进步、国防建设、民生改善作出了历史性贡献，功勋卓著，功不可没。

 **知识链接**

国有企业分类

中央企业集团层面和子企业分为商业类、公益类两大类别。其中，商业类又分为主业处于充分竞争行业和领域的商业类国有企业（简称"商业一类"）和主业处于关系国家安全、国民经济命脉的重要行业和关键领域、主要承担重大专项任务的商业类国有企业（简称"商业二类"）。

商业一类企业，要聚焦充分竞争行业和领域，全面推进市场化、国际化，勇当市场竞争的引领者。商业二类企业，要聚焦重要行业和关键领域，更好服务国家战略、完成重大专项任务，争做国有经济控制力、影响力的担当者。公益类企业，要聚焦保障民生、服务社会，高效率提供公共产品和服务，做好优质服务的提供者。

地方国有企业的功能界定与分类，则由各地结合实际而定。比如，上海市国资委将直接监管的 42 家国有企业分为"市场竞争、金融服务、功能保障"三类。其中——竞争类企业，以参与市场竞争、增强国有经济活力、实现国有资产保值增值为主要目标。金融服务类企业，以深化金融改革、防控金融风险为主要目标，优化股权、产品和区域结构，成为服务实体经济最具成效、行业综合实力领先的金融企业。功能保障类企业，以完成国家战略和重点任务、保障城市高效运行为主要目标，加强成本规制管理，成为最富效率、最优服务、最响品牌的优势企业。

资料来源：国务院国有资产监督管理委员会网站。

中国特色社会主义经济发展的"顶梁柱"。生产力决定生产关系，经济基础决定上层建筑。回望历史，国有企业为坚持和发展中国特色社会主义作出了不可磨灭的突出贡献。新中国成立后，我们通过继承根据地的公营企业、没收官僚资本、征用外资等形式，完成资本主义工商业社会主义改造，新建一大批国营企业，国营企业代表的公有制经济在国民经济中占据优势地位，我国社会主义制度得以确立。之后，在一段时间内，我们优先发展重工业，比如"一五"时期，建成了鞍钢、一重、一汽、一拖、沈飞等一大批骨干企业，逐步建立了独立的比较完整的工业体系与国民经济体系。特别是成功研制出"两弹一星一艇"等一系列"大国重器"，为真正奠定我国有影响力的大国地位和捍卫我国社会主义政权安全作出了重要贡献，我国社会主义制度得以巩固发展。在建立和完善社会主义市场经济体制过程中，我们始终坚持"两个毫不动摇"，国有企业通过深化改革，逐步成为独立市场主体，总体上实现了与市场经济相融合，中国特色社会主义制度得以进一步完善发展。国务院国资委公布数据显示，2023 年，中央企业实现营业收入39.8 万亿元、利润总额2.6 万亿元，为全社会创造和积累了巨大财富。

1952 年鞍钢建设场面

　　保障国民经济关键领域发展安全的"压舱石"。国家安全是民族复兴的根基，社会稳定是国家强盛的前提。国有企业分布在关系国家安全、国民经济命脉和国计民生的重要行业和关键领域，并且起支配作用，为推动相关战略部署落实、防范化解重大安全风险和实现中华民族伟大复兴提供安全保障。例如在落实国家战略方面，近年来，国有企业积极服务京津冀协同发展、长江经济带发展、粤港澳大湾区建设、长三角一体化发展、海南自贸港建设等重大战略，在巩固提高一体化国家战略体系、强化国家战略科技力量和增强城乡区域发展新动等方面发挥了主力军作用。在保障产业安全方面，国有企业围绕国家战略安全布局和市场发展需要，努力攻克产业"卡脖子"难题，推动产业转型升级，为加快国产替代进程作出了重要贡献。在保障能源安全方面，面对地缘政治影响全球油气价格波动的局势，发电央企制定重点时段能源保供方案和应急预案，整合社会零散资源集中保障重点区域用煤需求，全力落实保供职责。国务院国资委数据显示，截至 2023 年 11 月底，发电央企克服成本上升的困难，以占全国 52% 的装机规模贡献了 63% 的发电量，为经济社会运行提供了可靠能源保障。

中石油江苏液化天然气（LNG）接收站

 特别关注

河北国资国企积极服务国家战略

近年来，河北省国资委服务国家战略和全省大局，自觉把国资国企的改革发展放在京津冀协同发展大局中去定位、思考和谋划，在对接京津、服务京津中加快发展自己，推动三地国资国企交流合作不断走深走实，协同创新取得新成果，国有企业功能作用发挥更加充分。以三省市国资委第一次联席会为契机，组织推动河钢集团与京能集团，河北建投集团与泰达控股，中国雄安集团与华夏银行围绕新能源产融结合等领域签署战略合作协议。河钢集团与中科院联合组建"战略金属资源绿色循环利用国家工程研究中心—河钢联合研究中心"、与中国工程院、中钢研集团、东北大学共建"氢能创新中心"；华药集团与中科院天津工业生物技术研究所、开滦集团与北京交通大学签订合作协议。目前，河钢集团、建投集团、交投集团等 10 家监管企业与京津方面合作项目共 34 个，投资总额 3412 亿元，截至 2023 年底，累计完成投资 2368 亿元，2024 年计划投资 376 亿元。华药集团与国药集团、中国医药等央企开展对接合作，生物医药产业发展加力提速。截至 2023 年底，华药集团生物医药研发投入强度 15.89%，同比增长 2.04 个百分点，6 个品种 11 个规格通过仿制药一致性评价。

资料来源："河北扎实推进省国资委监管企业高质量发展"新闻发布会，2024 年 2 月 6 日。

维护经济与市场平稳运行的"稳定器"。近年来，我国面临有效需求不足、社会预期偏弱等困难和挑战，一些领域投资乏力，国内大循环还存在堵点，实现投资平稳增长，畅通国内国际大循环，更加离不开国有资本的力量。在投资方面，国有资本是天然的"长期资本""耐心资本""战略资本"。国务院国资委数据显示，2023年，中央企业努力实现有效投资大幅增长，累计完成固定资产投资（含房地产）5.09万亿元，同比增长11.4%，特别是在战略性新兴产业和未来产业等领域加快布局，在战略性新兴产业完成投资2.18万亿元，同比增长32.1%。在全社会投资积极性不足的情况下，这是十分难得的。在构建新发展格局方面，国资央企充分发挥网络和规模效应，进行专业化整合，打通大循环堵点，提升我国产业链供应链的韧性和稳定性。例如，中国移动牢牢把握数字经济蓬勃发展机遇，系统打造以5G、算力网络、能力中台为重点的新型信息基础设施，创新构建"连接＋算力＋能力"新型信息服务体系。同时，国有企业发挥集中力量办大事的优势，在关键上游产业起到龙头牵引作用成为现代产业链的"链长"，增强产业链和供应链的自主可控能力，打通上下游，贯通产供销，带动非国有经济协同发展，把产业链关键环节留在国内。

引领产业与科技创新发展的"国家队"。科技是国家强盛之基，创新是民族进步之魂，科技创新是提高社会生产力和综合国力的战略支撑。企业作为技术创新的主体，是实现创新驱动发展战略的主体，国有企业更是生力军。上世纪 50 年代，我国以引进 156 项大型企业为龙头，开始大规模建设国有企业，并同时重视技术创新能力的建设。60 年代和 70 年代，我国开始自主仿制国外的先进产品，并在部分领域特别是国防工业领域开始自主研发和设计新产品。"两弹一星"、第一代核潜艇、自主设计的强击机和战斗机等都是这个期间的成果。近年来，国有企业全力推进科技自立自强，取得了以载人航天、探月工程、北斗导航、5G 应用、国产航母等为代表的一批具有世界先进水平的重大成果，建成了港珠澳大桥、白鹤滩水电站、"深海一号"油气田、张北柔直电网工程等标志性重大工程。这些事实充分证明，国企在科技创新方面善于"结硬寨打呆仗"，踏踏实实、稳扎稳打，并且也通过协同创新带动了广大民营企业和中小企业发展。

白鹤滩水电站

 **资料链接**

国有企业频频取得技术突破

2023 年，国有企业在突破"卡脖子"环节、开辟新赛道方面亮点频频。全球首座第四代核电站——山东荣成石岛湾高温气冷堆核电站商业示范工程正式运行；中国航发"太行 110"重型燃气轮机（代号 AGT－110）通过产品验证鉴定；中国电气装备突破多项"卡脖子"技术；航天科技神舟十六号、十七号接力腾飞；中国电子 EDA 软件取得重大进展；中国移动 6G 网络架构创造长距离传输世界纪录；国机集团火箭发动机用轴承、中国宝武新型耐热钢研制取得突破；中国中化民用航空轮胎通过适航飞行验证。

资料来源：《国有企业是我国经济稳中向好的压舱石主力军》，载于《国资报告》2024 年 1 月。

▶ 把好方向，国有企业改革再出发

回首改革开放 40 多年的风雨历程，国资国企改革虽然道阻且长，但也行而不辍。特别是党的十八大以来，我国围绕国企改革进行了一系列部署，取得了显著成效。2020～2022 年，我国实施国有企业改革三年行动。在这三年里，国有企业治理机制发生了根本变化，国有经济布局结构实现整体性优化，

2022 年国资委监管中央企业年化全员劳动生产率较三年行动之初增长 32.5%，中央企业涉及国家安全、国民经济命脉和国计民生领域营业收入占比超 70%，国有经济竞争力、创新力、控制力、影响力和抗风险能力显著提升。

虽然三年行动取得了突出成效，但必须清醒认识到，一些影响国有企业发展活力和内生动力的顽瘴痼疾还没有完全解决，需要通过深化改革破除体制机制弊端，增强活力，补短板、强弱项。2023 年，在巩固深化国企改革三年行动成果的基础上，我国在高起点启动实施国有企业改革深化提升行动。深化改革不是随意的，全面深化改革是有方向、有立场、有原则的。党的二十届三中全会把深化国资国企改革纳入全面深化改革战略全局，专门对深化国资国企改革做出集中部署，鲜明标定了国资国企在新征程上深化改革的方位，进一步强调了推动国有资本和国有企业做强做优做大这个总体目标，进一步提出了增强核心功能和提升核心竞争力的根本要求，进一步明确了深化国资国企改革的重点任务。

资料链接

党的二十届三中全会对深化国资国企改革作出部署

深化国资国企改革，完善管理监督体制机制，增强各有关管理部门战略协同，推进国有经济布局优化和结构调整，推动国有资本和国有企业做强做优做大，增强核心功能，提升核心竞争力。进一步明晰不同类型国有企业功能定位，完善主责主业管理，明确国有资本重点投资领域和方向。推动国有资本向关系国家安全、国民经济命脉的重要行业和关键领域集中，向关系国计民生的公共服务、应急能力、公益性领域等集中，向前瞻性战略性新兴产业集中。健全国有企业推进原始创新制度安排。深化国有资本投资、运营公司改革。建立国有企业履行战略使命评价制度，完善国有企业分类考核评价体系，开展国有经济增加值核算。推进能源、铁路、电信、水利、公用事业等行业自然垄断环节独立运营和竞争性环节市场化改革，健全监管体制机制。

资料来源：《中共中央关于进一步全面深化改革、推进中国式现代化的决定》，新华社，2024 年 7 月 21 日。

"两个一以贯之"，把加强党的领导和完善公司治理更好统一起来。"两个一以贯之"是 2016 年习近平总书记在全国国有企业党的建设工作会议上提出的。第一个一以贯之是"坚持党对国有企业的领导是重大政治原则，必须一以贯之"。坚持党的领导、加强党的建设是国有企业的"根"和"魂"，不仅体现在对国企发展方向的宏观把握，而且贯穿于深化国企改革各方面全过程，是国企改革的"指南针"。近年来，国有企业党的领导和党的建设"宽松软"问题有了很大改观，还需要进一步科学化、制度化、规范化。第二个一以贯之是"建立现代企业制度是国有企业改革的方向，也必须一以贯之"。现代企业制度是人类文明发展形成的制度成果，是被实践证明了的、最符合市场经济发展需要的企业制度。"两个一以贯之"可以说是公司治理的"中国方案"，中国特色现代国有企业制度，"特"就特在把党的领导融入公司治理各环节，把企业党组织内嵌到公司治理结构之中，实现了坚持和加强党的领导与完善公司治理的有机统一。

 资料链接

中央企业负责人研讨学习深化国资国企改革各项部署

2024 年 7 月 22 日至 23 日，国务院国资委举办中央企业负责人研讨班，传达学习贯彻党的二十届三中全会精神。会议指出，要牢牢把握深化国资国企改革的总体目标，坚持和落实"两个毫不动摇"，持续推动国有资本和国有企业做强做优做大；牢牢把握深化国资国企改革的政治原则，始终坚持和加强党对国资国企改革的全面领导；牢牢把握深化国资国企改革的鲜明导向，加快健全有利于原始创新、激发人才活力、要素顺畅流动的体制机制；牢牢把握深化国资国企改革的根本要求，进一步提升企业增加值、功能价值、经济增加值、战略性新兴产业收入和增加值占比、品牌价值等；牢牢把握深化国资国企改革的重点任务，推进布局优化和结构调整，完善中国特色现代企业制度，健全管理监督体制机制，切实提升改革质量和效能。

资料来源：国务院国资委网站。

把国有资本和国有企业做强做优做大是深化国资国企改革的总体目标。习近平总书记在参加 2014 年两会上海代表团的审议时指出，国企不仅不能削弱，而且要加强，国有企业加强是在深化改革中自我完善，在凤凰涅槃中浴火重生，而不是抱残守缺、不思进取、不思改革，要担当社会责任树立良好形象。当前，有的国有企业还存在大而不强、资产收益率不高、创新能力不足等问题。从《财富》杂志发布的 2023 年世界 500 强来看，中国共有 142 家企业上榜（包括港澳台），其中前 20 家中，包括国家电网有限公司、中国石油天然气集团有限公司、中国石油化工集团有限公司、中国建筑集团有限公司 4 家国企。这 142 家企业中有 89 家位次下降，上榜企业平均盈利水平不及美国企业的一半，也不及全榜单 500 家企业的平均利润。必须理直气壮把国有企业做强做优做大，不断增强活力、影响力、抗风险能力。为了提高国有企业核心竞争力和增强核心功能，国有企业改革要实现"三个明显成效"，即在增强国有企业服务国家战略功能作用上取得明显成效，在推动国有企业真正按市场化机制运营上取得明显成效，在加快建设世界一流企业和培育专精特新企业上取得明显成效。

国有企业改革的重点任务包括两类：推进功能性改革和巩固制度性改革成果。功能性改革以更好服务国家战略为导向，补齐服务国家战略的短板，夯实国有经济发挥战略支撑作用的基础。党的二十届三中全会提出了"三个集中"，即推动国有资本向关系国家安全、国民经济命脉的重要行业和关键领域集中，向关系国计民生的公共服务、应急能力、公益性领域等集中，向前瞻性战略性新兴产业集中。为更好发挥国有资本功能作用，地方国企要优先布局地方公共服务、城乡基础设施及地方优势产业领域，强化国有企业在医药医疗、健康养老、应急保障等民生领域有效供给，提升水、电、气、暖、通信等公共服务体系支撑保障能力。巩固制度性改革以激发活力、提高效率为中心，既要"放得活"也要"管得住"。随着国企改革三年行动的收官，国有企业全面完成公司制改制，国企董事会应建尽建，并扩大了经理层成员任期制、契约化管理覆盖面，但如何让建立起来的制度有效运转、发挥实效，还需要把该放的放到位，使国有企业充满生机活力，把该管的坚决管住，做好国有资产监督管理，防止国有资产流失。

名词解释

任期制和契约化管理，通俗地来讲，就是要打破"铁交椅"、打破"大锅饭"，按市场规律对经理层进行管理，立下军令状，明确责任制，干得好就激励，干不好就调整，实现职务能上能下、收入能增能减，强化"干好干坏不一样的导向"，充分激发经理层成员的活力和创造力，提升企业市场化、现代化经营水平。各中央企业和地方国资委要通过明确任职期限、签订并严格履行聘任协议，实现任期管理的规范化、常态化；要突出契约目标的科学性和挑战性，推动落实考核结果奖惩刚性兑现；要体现薪酬兑现的强激励、硬约束，坚持业绩导向，强化精准考核有效激励；要强调考核的刚性退出，实现经理层成员职务"能上能下"。

资料来源：根据国务院国有资产委员会网站整理。

▶ 深化提升，炼就河北新国企

河北国资国企在全省经济社会发展中发挥着"压舱石""排头兵"的作用。数据显示，河北省国资委监管的国有企业共26家，涵盖能源、港口、金融、钢铁、旅游投资、电子、农业、科研等多个行业。2023年，河北省国资委监管企业资产总额21405.6亿元、同比增长3.2%，利润总额235.6亿元、同比增长8.2%。近年来，河北在国企改革上落实国家各项部署，探索实施了一系列改革举措，提出了建设效益国企、创新国企、数字国企、绿色国企、平安国企、责任国企的"六个国企"目标，取得了显著成效。在新征程上，要进一步围绕国企改革提升行动各项任务目标要求，全力锻造发展方式新、公司治理新、经营机制新、布局结构新的现代新国企。

 特别关注

河北 2024 年国资国企发展改革目标

2024 年 2 月 6 日，河北省国资委相关负责人在"河北扎实推进省国资委监管企业高质量发展"新闻发布会上表示，2024 年工作目标是："一利稳定增长，五率持续优化"，即监管企业效益稳步提升，力争超过全省 GDP 增速；净资产收益率、全员劳动生产率、营业现金比率同比提升，研发投入强度保持全国第一方阵，资产负债率保持平稳。工作安排概括为"1234"，即"一个中心"：建设"六个国企"；"两个行动"：改革深化提升行动、研发投入"三年上、五年强"专项行动；"三个提升"：引进央企质效、国资监管质效、国企党建质效；"四个突破"：对标一流、整合重组、培育战新、数字转型。

重点做好 5 方面工作：一是推动贯彻落实习近平总书记视察河北重要讲话精神走深走实，深入落实重大战略重大任务，放大港口整合效应，提高生物医药产业发展水平。二是持续发力建设六个国企，推动中国式现代化在河北更加可视可感可行。三是坚定不移深化国企改革，力争年底前完成70%以上的改革主体任务。四是多措并举提升监管效能，强化专业化、法治化、体系化监管，促进国有资产保值增值。五是全面加强党的领导党的建设，压实管党治党责任，更加突出规范化制度化，全面系统提升党建质效。

资料来源：河北省人民政府网站。

国家能源集团黄骅港务公司三四期码头

功能价值更好发挥

2023 年以来，河北国资国企积极融入和服务京津冀协同发展，推进央企入冀，提升自主创新能力，培育战略性新兴产业，企业活力效率不断增强，展现出建设经济强省、美丽河北的国资国企力量。为发挥河北国资国企更大作用，进一步深化改革必须聚焦功能性改革，挖掘国有企业战略功能价值，通过改革更好发挥其在科技创新、产业控制、安全支撑等方面的作用。

在科技创新上，更好促进"智造"升级。 科技创新是本轮国企改革的关键词。科技创新，不仅是国企提高核心竞争力的金钥匙，更是发展新质生产力的核心要素。提升企业科技创新引领力和全球竞争力是河北国企的光荣使命。2024 年以来，河北省国企多项核心技术达到国际国内领先水平，授权专利 364 件，制定或参与制定标准 48 项。例如，华药集团自主研发的国家一类新药奥木替韦单抗注射液，填补了我国重组抗狂犬病毒单抗药物的空白。科技创新加快了数智化转型，例如邯钢能嘉钢材智能制造工厂、承德钒钛新材料"在线运行监测"等入选工信部智能制造示范工厂和优秀场景名单等。"货真价实"的产出离不开"真金白银"的投入。2024 年前 5 个月，河北省属国企研发经费投入超过 107 亿元，同比增长 24%，研发投入强度稳居全国省级监管企业第一方阵。也要清醒地看到，国有企业还面临着资源环境约束不断增多、传统生产力条件下经济增长模式越来越难、关键核心技术受制于人的状况，河北要通过深化国资国企改革，完善国企科技创新机制，打通束缚新质生产力发展的堵点卡点，进一步发挥好科技创新主体地位作用，继续从投入、人才、项目、技术、平台、转化、后劲等方面发力，确保"十四五"末达到"强实力"目标，把科技力量转化为产业竞争优势。

典型案例

河北港口集团打造智慧港口

河北港口集团唐山京唐港区以科技创新赋能智慧港口，港口集团积极推动北斗、5G、物联网、无人驾驶等智能技术在生产运营中应用。码头分布的上千个感知器件，如同"千里眼""顺风耳"，给指挥系统及时传送各种信息。在"智慧大脑"的指挥下，无人驾驶运输车、自动化岸桥、场桥精准作业。码头上设备操作人员减少75%，泊位每万标箱综合能耗较国家标准降低20%以上。

资料来源：根据相关报道整理。

在布局上，更好助力现代化产业体系建设。长期以来，河北国企多集中在传统产业领域，产业布局"现代感"不强。国有企业作为建设现代化产业体系的主力军，在建设自主可控、安全可靠、竞争力强的现代化产业体系上，必须积极作为，义不容辞。近年来，河北不断推进传统产业改造升级，同时积极布局战略性新兴产业赛道，出台专项行动方案，同时将战略性新兴产业投资额和营收占比纳入国企考核目标任务。在考核"指挥棒"的指引下，河北国有企业积极行动。例如，河北交投瞄准低空经济、空天信息、新型能源等新兴产业和未来产业，联合北京邮电大学、雄安新区成立了雄安空天信息研究院；与东南大学成立联合研发中心，加速智慧交通数字孪生等科技成果转化应用。三友集团聚焦新材料产业，建设高端电子化学品项目，加快推进关键材料国产化替代等。2023 年，河北省国企战略性新兴产业完成投资超过 270 亿元，占总投资的近三分之一。新兴产业"换道超车"让河北国企产业焕新跑出了"加速度"。接下来，河北要继续立足产业基础、资源禀赋实际，按照"三个集中"要求，加快优化国有资本布局结构，推进传统产业向高端化、智能化、绿色化转型升级，聚焦主责主业和实业，找准切入点和突破口，分类推进战略性新兴产业发展，融入全省战略性新兴产业集群。

"河北交投二号""河北交投三号"卫星成功发射

 深度阅读

国有企业改革深化提升行动提速

国务院国资委近日在湖南株洲召开国有企业改革深化提

升行动现场推进会，提出要用好用足改革关键一招，加快推动技术革命性突破、生产要素创新性配置、产业深度转型升级，为发展新质生产力提供澎湃强劲的新动能。

深化国企改革，要坚持战略性新兴产业和传统产业"两端"发力。要集聚优势资源，灵活运用并购重组、上市融资、产业协同、联合攻关等方式发展战略性新兴产业。同时，要强化数智网络赋能传统产业。继续推进工业互联网、"5G＋"应用，推动传统业务、低端产业加速升级；实施更有针对性支持举措，加快淘汰超期服役的落后低效设备，加快节能降碳、老旧化工设备更新改造、清洁生产改造和工艺革新，积极开展绿色先进适用技术攻关及应用，增强高附加值、绿色低碳的高端产品有效供给，加快形成绿色生产方式。此外，要推动重组整合实现要素畅通流动，形神兼备深化市场化机制改革，突出抓好重点任务，突出更广更深覆盖和制度化长效化，增强发展新质生产力的活力动力。

资料来源：《国有企业改革深化提升行动提速》，载于《经济日报》2024 年 5 月 20 日。

在重点领域保障上，更好支撑安全发展底线。安全是发展的前提，作为维护国家战略安全的重要基石，国有企业必须把维护产业链供应链和能源资源安全作为重大使命责任。河北国资要推动国有资本进一步向关系国家安全、国民经济命脉和国计民生的领域集中。比如，推进铁路、高速公路等基础设施建设，优化运营管理，布局公共服务、健康养老等民生领域，做好煤、电、气、热、粮食等能源资源保供。还要坚决防范化解各类风险隐患，对金融、类金融业务进行风险排查，全力处置融投担保风险，同时深入开展重点行业领域安全隐患排查整治，助推全省经济社会持续健康发展。

体制机制更富有活力

全省国企改革三年行动中，国企运行机制和国资监管机制逐步健全，形成了推动改革的强大势能，这个"势"弥足珍贵，为持续深化改革提供了坚实基础。接下来，要乘势而上打造真正按市场化机制运营、活力迸发的国有企业。

*优化资源配置。*市场在资源配置中起决定性作用，实现国有资本合理流动和优化配置，必须通过以企业为主体、市场化为手段加大市场化整合重组力度。例如，中国乐凯集团有限公司的前身保定电影胶片厂，始建于 1958 年。半个多世纪以来，乐凯历经电影时代、胶卷时代、数码时代三次创业和两次重要的重组转型后，彻底撕下了"胶片"的标签，从传统的感光材料供应商转型为新材料系统服务商。如今的乐凯主导产品均处于国际领先水平，在时代浪潮洗礼中担负着央企责任。再比如，2023 年，由央企、省企、市企、县属国企、民营企业共同出资的河北国际陆港有限公司成功组建，累计开通国际线路 17

条，全年开行中欧班列 612 列，实现当年成立、当年盈利。接下来要围绕增强服务国家战略的能力，一方面要坚决遏制部分国有企业盲目多元化、"铺摊子"倾向，另一方面继续推进国有企业整合重组，加快集成电路、装备制造、电子信息、医疗健康等关键领域整合重组和新能源、矿产资源、港口码头等领域专业化整合力度。

提升活力效率。活力和效率是国有企业改革的中心问题。在市场化经营机制下，只有把激励机制搞活了，才能激发企业更大活力。近年来，河北省国企深入推进人事、劳动、分配三项制度改革，激活人才强企"一池春水"。例如，河钢集团张宣科技，拓宽人才职业发展空间，为优秀技能人才申报专业技术职务建立绿色通道；河北建投储能公司，以市场化薪酬招聘技术领军人才，薪酬基准超过企业高管 12.4%。增强发展新质生产力的活力动力。截至 2024 年 7 月，河北省国企实施管理人员末等调整和不胜任退出制度的覆盖面超过 90%，三项制度改革在更深层次破冰，推动企业真正按市场化机制运营。提升企业活力要进一步健全中国特色现代企业制度，做实做细任期制契约化管理，真聘任、严考核、刚兑现，充分调动起员工积极性，真正实现管理人员能上能下、员工能进能出，收入能增能减。

典型案例

冀中能源石煤机公司深化人才体制机制改革

冀中能源石煤机公司，为激发员工创新活力，深化人才体制机制改革，形成了一整套激励体系，科技人员工资平均增长 23%，有的项目主研人收入超过公司副总经理。2023年，企业为科技人员颁发了 302.7 万元科技成果转化奖励。激励机制充分调动起员工创新积极性，科技创新成果数量不断增加，新产品研发周期平均缩短三分之一。2024 年 6 月，石煤机生产出了国内首台矿用防爆锂电池齿轨车，突破了纯电动煤矿井下辅运装备牵引力小、续航时间短的技术瓶颈，填补了国内空白。值得一提的是，从设计研发到样机下线，这款新产品仅用了半年时间。

资料来源：根据相关报道整理。

完善监管服务。国有企业改革要先加强监管、防止国有资产流失，这一条不做好，国有企业其他改革难以取得预期成效。2023 年全省在监管上堵塞制度漏洞，创建国资专网，不断提升专业化、体系化、法治化监管水平。今后要进一步健全以管资本为主的国资监管体制。一方面坚持授权与监管相结合、放活与管好相统一，深化分类改革，加快建设"国资云"，搭建国资数智化管理系统，对尚未完成分类的企业进行分类，让分类考核与企业功能使命精准适应。另一方面强化出资人监督与纪检监察、巡视、审计等监督贯通协同，构建党委统一领导、全面覆盖、权威高效的监督模式。

2024 年是国企改革深化提升行动全面推进的关键之年，必须贯彻落实党的二十届三中全会的部署，乘势而上推进国有企业改革深化提升行动，推动国有企业高水平实现经济属性、政治属性、社会属性的有机统一，为促进国有企业高质量发展注入强大动力，为奋力谱写中国式现代化建设河北篇章作出国资国企更大贡献。

10

努力营造国内一流营商环境

——如何理解优化营商环境的重要性？在对标对表国内先进省份中河北应如何推进营商环境走上新台阶？

营商环境好比是"水"，水美引得鱼儿来。营商环境好比是"土"，土沃长出好作物。营商环境是企业生存发展的土壤，是衡量一个地区竞争力的重要标志。习近平总书记先后在博鳌论坛和参加十四届全国人大二次会议江苏代表团审议时强调："过去，中国吸引外资主要靠优惠政策，现在要更多靠改善投资环境"，要"持续建设市场化、法治化、国际化一流营商环境，塑造更高水平开放型经济新优势。"抓营商环境就是抓发展，抓发展就要抓好营商环境。只有抓营商环境之"优"，才能促经济大盘之"稳"，才能谋发展质量之"进"。

当前，河北正处于加快建设经济强省、美丽河北，奋力谱写中国式现代化建设河北篇章的关键阶段，扎实推进高质量发展向上突围成为今后一个时期的重要目标。这需要河北牢记总书记嘱托，坚持把优化营商环境作为推动高质量发展的重要举措，以改革小切口撬动营商环境大提升，努力建设市场化、法治化、国际化一流的营商环境。

▶ 好的营商环境就像水和阳光

"水深则鱼悦，城强则贾兴"。好的经营发展环境是稳定市场信心、激发经济发展活力、推动高质量发展的基础和保障，是激发市场主体干事创业热情的重要助推器。

什么是营商环境？

我国《优化营商环境条例》指出：营商环境是"企业等市场主体在市场经济活动中所涉及的体制机制性因素和条件"。这一定义中的"体制机制性因素和条件"实质就是企业干事创业的市场准入条件、政府办事流程、监管规则以及相关法律规定等。简单来讲，营商环境就是企业在一个地区开展经营活动，在合法合规的前提下，与政府打交道是费力还是方便的问题。如果答案是方便，那么这个地区对于企业的吸引力就大，地区的经济活力就大。如果答案是费力，那这个地区就会失去对企业的吸引力。可以说，营商环境事关企业兴衰、生产要素聚散和地区发展动力强弱。

当前,我国正致力于从高速增长向高质量发展转型,而高质量发展的本质内涵是高效、公平和可持续的发展,具体体现为资源配置效率高、产品服务质量高、技术水平不断升级等。转向高质量发展,既要求发展方式和增长路径的转变,更要求体制变革和机制创新。优化营商环境是发展的体制性、制度性安排,良好的营商环境是建设现代化经济体系、促进高质量发展的重要基础。

我国做了哪些探索?

党的十八大以来,习近平总书记高度重视营商环境,作出一系列重要指示,走出了一条不断探索、完善、优化的改革道路。总体来看,这一进程可分为三个时期。

探索起步时期(2013～2017年):中央开始重视营商环境的优化,党的十八届三中全会首次提出建立法治化营商环境的目标。习近平总书记也强调营造稳定公平透明、可预期的营商环境。

全面实践时期(2018～2020年):国务院成立了推进政府职能转变和"放管服"改革协调小组,出台了一系列政策措施,地方政府也在放宽市场准入、扩大民间投资等方面推出举措。国家发改委连续组织开展了多批次营商环境评价,推动改革、激发市场活力。世界银行发布的《2019年的营商环境评估报告》显示,中国营商环境总体评价在全球190个经济体中已经跃居第 46 位，比 2013 年累计上升 50 位。

优化提升时期（2020 年至今）：《优化营商环境条例》自 2020 年 1 月 1 日起施行，将优化营商环境的改革举措固化下来。中共中央、国务院印发《关于新时代加快完善社会主义市场经济体制的意见》，提出关键领域的改革举措。国务院办公厅印发《关于进一步优化营商环境更好服务市场主体的实施意见》，提出了持续提升投资建设便利度等六方面要求。

从"放管服"到"进一步优化营商环境更好服务市场主体"，我国营商环境不断改善，截至 2022 年 4 月，国务院已经累计取消和下放 1098 项行政许可事项。经营主体如同雨后春笋般萌发壮大，展现出强大活力。在党的二十大报告中，习近平总书记更是提出了"完善产权保护、市场准入、公平竞争、社会信用等市场经济基础制度，优化营商环境"的明确要求。我国对营商环境范畴的认识不断拓宽，对营商环境构成要素的理解不断深入，营商环境的服务对象不断扩展，优化营商环境得到了从中央到地方的高度重视和自觉推进。2024 年政府工作报告进一步明确要"营造市场化、法治化、国际化一流营商环境，推动构建高水平社会主义市场经济体制"，为优化营商环境指出了更高更强的发展方向。

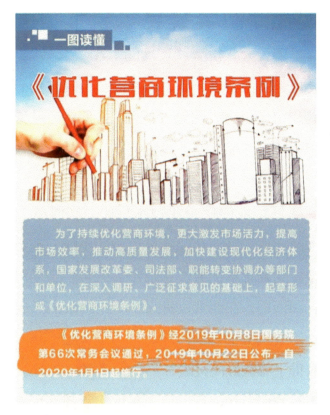

《优化营商环境条例》自 2020 年 1 月 1 日起施行

好的营商环境是什么样的？

营商环境是经济社会发展的软环境，是企业发展的水和阳光。好的营商环境往往具备四个特点。一是"便利"，世界银行在对全球各地区营商环境的评价过程中，"便利度"是重要的衡量指标，办事的手续越少、时间越短、成本越低，意味着便利度越高。二是"公平"，政府政策要对各类企业一视同仁、平等对待，企业无论大小，属于何种类型，在市场经济活动中都能获得市场公平准入、平等参与竞争、平等享受各类企业权益。三是"透明"，市场环境、政务服务、监管执法和法律法规等方面信息要公开，没有"玻璃门"和"旋转门"。透明度高的营商环境，可使各类市场主体都能获得相关信息，及时把握政策走向和市场机会。四是"国际化"，地区经营规则要与国际规则相通对接，促进涉外投资贸易，增强市场吸引力和国际竞争力。

好的营商环境能够使企业顺水行船，省时省力，事半功倍。差的营商环境轻则让企业各环节运转不畅，加重企业多方面成本负担，削弱竞争优势，重则会影响整个市场对一个地区的投资信心和预期，在要素、资源、产业集聚上形成"存量留不住、增量不敢来"的恶性循环。

我国取得了哪些好的经验？

经过不断的探索和前行，我国在优化营商环境方面取得了一系列典型的经验和做法，2024 年国务院办公厅对北京、河北、上海等省市的工作进行了督察并对好经验进行了总结和推广。

北京市：创新推动"一件事"集成服务改革。围绕行政效能的提高，北京市着手建立了业务技术双轨推进、全流程数据监测等"一件事"改革保障机制，选取企业群众生产生活典型场景，持续拓展社会保障卡等事项及服务内容，丰富"在线导办"、帮办代办等服务供给，对接"一件事"改革涉及的 19 个系统，实现一次下发、并联审批。2024 年以来月平均办理量约

为 35 万件。

河北省邢台市：强化入企扫码"硬约束"，优化发展"软环境"。邢台各级行政执法人员在进入企业开展现场执法检查时，需使用"邢台执法"App 扫描被检查企业营业执照二维码，向执法监督平台"云备案"。入企检查时，在系统中显示企业信息的同时显示执法人员姓名、单位、执法证号和照片等信息，供双方双向互验；扫码后可实时查询企业历次受检以及行政处罚等情况，推进执法结果互认，有效降低入企执法检查次数；执法活动全程置于智能监督之中，便于及时发现并督促解决乱罚款等各类问题。通过备案，市政府全面掌握开展执法检查的单位、人员、时间、地点和受检企业信息，以"硬约束"打造让经营主体专心经营的"软环境"。

上海市：推行经营主体以专用信用报告替代有无违法记录证明，实现"一份信用报告替代一摞证明"。在实施过程中，上海市分五个环节进行推进。一是纳入"法治化"，首次明确此类证明实质是企业"有无违法记录证明"，并明确界定违法记录的概念。二是立足"全领域"，除保密等个别特殊领域外，将全市 41 个执法领域全部纳入替代范围。三是应用"多场景"，率先提出金融、商务、政务三大类主要应用场景，企业可以自主选择开具报告的领域和时间范围。四是全程"线上办"，实现线上"一键"申请，记录情况"一纸"证明。五是首创"合规码"，上线"合规一码通"，企业通过"随申办"

亮码，索证单位扫码实时查看报告。

江苏省苏州市：高质量推进数字人民币试点服务企业发展。在实施过程中，苏州市着力突出四个重点。一是完善机制，形成"工作目标化、目标节点化、节点表格化"的有效机制。截至 2023 年末，试点以来累计落地场景 111 万个，累计流通业务金额 3.9 万亿元。二是聚焦关键技术和重点领域，对接地方行业主管部门及相关经营主体开展落地测试，实现了手机无电无网支付在交通领域应用等首创案例。三是指导各试点银行加快对公领域应用，全市 1.2 万家规上企业全部开通对公钱包；全市基本实现机关事业单位、国企代发交通补贴，部分板块或单位实现全额代发工资。四是坚持融合赋能，服务地方经济社会发展。2023 年各银行发放数字人民币贷款 5.97 万笔、金额 2909 亿元。

四川省：打造"蜀里安逸"消费新场景助力文旅企业加快发展。四川省联合商务、文旅、体育、民政等多部门，共同制定"蜀里安逸"消费新场景五年培育方案，确定 10 大类重点消费场景培育方向，逐步打造供给丰富多元、商旅文体消费跨界融合的消费场景。同时，四川省级财政每年安排不少 7000 万元专项资金支持消费新场景建设。2023 年首批 40 个消费新场景带动就业 13.97 万余人，吸引消费超 3 亿人次，拉动消费 1000 亿元。

码上阅读

《优化营商环境　国务院办公厅通报专项督查发现的 30 项典型经验做法》

▶▶ 企业获得感是优化营商环境的"金指标"

营商环境的好坏，经营主体感受最直接，也最有发言权。良好的营商环境能够为企业提供一个公平、透明、高效、稳定、可预测的外部环境和商业运作平台，促进企业健康成长，激发企业创新活力，增强企业竞争力。

什么是企业的获得感？

企业获得感是企业在经营活动中对政府政策是否支持、市场环境是否公平、法治保障是否完善等各方面因素的综合感受。它不仅包括企业享受政策红利的情况，还包括企业对市场环境、政府服务、法治环境的满意度和信任度。简单来说，当企业在市场竞争中获得公平对待、享受政策红利、感受到政府的支持和关怀时，企业的获得感就会得到提升。反之，如果企业在市场上受到不公平待遇、政策执行不到位、政府部门对企业的需求置之不理，企业的获得感就会大大降低。

从政府的角度看，政务服务是企业获得感的根源，是政府部门需要耕好的"责任田"。每一个部门的服务质量和效率，每一名党员、干部的工作能力和作风，都是企业获得感的影响因素。政府部门需要不断调整政策，改进服务，提高行政效率，推进营商环境的优化。在这一过程中，政府部门与企业之间需要建立一种平等、互信、互利的关系。这种关系的核心就是尊重企业的市场主体地位，关心企业的发展需求，支持企业的创新创造，构建亲清新型政商关系。

让企业办事像"网购"一样便利

营商环境涉及企业从创立到发展整个过程的各类外部环境和条件，包括政策环境、市场环境、法治环境、社会环境等多个方面。要让企业充满获得感，就必须在这些方面聚焦聚力，深化改革创新。近年来，为进一步激发企业活力，我国围绕营商环境的重要方面推进了多项改革，取得了系列成绩和进展。

精简审批。2013 年以来，国务院部门行政许可事项压减46%，工业产品生产许可证种类压减80%，中央层面核准的企业投资项目压减90%，使得企业开办、建筑施工许可等领域的手续、时间和成本大幅压缩，推动大量新的市场主体加入创业兴业。2023 年，我国新设经营主体 3273 万户，同比增长12.6%。其中，新设企业 1002.9 万户，增长 15.6%；新设个体工商户 2258.2 万户，增长 11.4%。截至 2023 年底，登记在册经营主体达 1.84 亿户，同比增长 8.9%。其中，企业 5826.8

万户，个体工商户 1.24 亿户，农民专业合作社 223 万户。

2023 年新设经营主体 3273 万户

减税降费。国家税务总局最新发布的数据显示，2023 年，全国新增减税降费及退税缓费超 2.2 万亿元，有效助力稳定市场预期、提振市场信心、激发市场活力。与此同时，税务部门充分利用互联网、大数据等现代信息技术手段，从"人找政策"向"政策找人"转变，智能匹配税费政策与适用对象，确保符合条件的企业及时享受到契合自身需求的政策。

服务便利。近年来，政务服务领域不断推出创新举措，通过减少办事环节、申请材料、办理时间和跑动次数，政务服务优化显著提高了企业和群众的获得感和满意度。特别是全国一体化在线政务服务平台自上线运行以来，实现"一网通办"、异地可办，在线服务平台与实体政务大厅加速融合。截至 2024 年 5 月底，全国一体化政务服务平台汇聚共享 632 种电子证照，为各地区各部门提供身份认证核验服务超过 107 亿次、电子证照共享服务 108.9 亿次。"网上办、就近办、一次办"在许多地方成为现实。

河北省邢台市襄都区行政审批局开展"政策找人、服务上门"活动

"数字身份免证办"落地雄安！数字技术赋能，服务全面转型

创新监管。推进实时监管，利用大数据、人工智能等技术手段，对市场进行实时监测和分析，提高监管的效率和准确性，确保市场的公平竞争。推行信用监管，建立全国性的社会信用平台、企业信用信息监管平台和失信联合惩戒机制，提升了监管公平性和有效性。对新兴产业实行包容审慎监管，促进了创新创业和新旧动能转换。截至2023年12月底，全国市场监管部门累计为各类经营主体修复行政处罚信息85万条，修复经营异常名录信息496万条，修复个体工商户经营异常状态1776万户，依法解除这些经营主体在招投标、投融资、授予荣誉称号等方面的限制。

法治保障。党的十八大以来，以习近平同志为核心的党中央高度重视法治化营商环境建设，习近平总书记在中央全面依法治国委员会第二次会议上强调："法治是最好的营商环境"。当前，我国基本建立了以《优化营商环境条例》为主干、以各类政策文件为补充、以地方优化营商环境立法为支干的优化营商环境立法体系。比如河北省涿鹿县检察院，以专业化办案团队建设为引领，成立"涿检鹿鸣护企团队"，在12309检察服务中心开设"鹿鸣护企"接待窗口，由护企团队成员轮班值岗对接，倾听企业法律诉求、纾解企业难题，实现涉企案件"当日受理、当日录入、当日流转"，为企业提供贴心的"一站式服务"，以法治之力护航高质量发展。

畅通开放。营商环境是一个国家或地区有效开展国际交流与合作、参与国际竞争的重要依托。近年来，我国着力打造国际化一流的营商环境，巩固外资在华发展信心。商务部数据显示，2023 年全国新设立外商投资企业 53766 家，同比增长 39.7%。中国美国商会 2024 年发布的《中国商务环境调查报告》显示，在华美企对中国发展前景预期进一步提升，50% 的受访企业将中国列为全球首选或前三位投资目的地。

资料链接

优化营商环境，助力扩大开放

党的二十届三中全会审议通过的《中共中央关于进一步全面深化改革、推进中国式现代化的决定》指出，营造市场化、法治化、国际化一流营商环境，依法保护外商投资权益。扩大鼓励外商投资产业目录，合理缩减外资准入负面清单，落实全面取消制造业领域外资准入限制措施，推动电信、互联网、教育、文化、医疗等领域有序扩大开放。

资料来源：根据网络公开资料整理。

优化营商环境是一个持续不断的过程，需要政府、企业和社会各方的共同努力。在这个过程中，我们要始终坚持以企业获得感为引领，将提升企业获得感作为优化营商环境的出发点和落脚点。政府要树立正确的政绩观，通过制定科学合理的政策措施，切实解决企业在经营过程中遇到的困难和问题。企业要积极参与营商环境的优化过程，通过合法经营、诚信纳税等方式树立良好的企业形象，为营商环境的改善贡献自己的力量。社会各界也要共同努力，为优化营商环境营造良好的社会氛围，各类行业协会、商会等组织要积极发挥作用，为企业提供更多的交流平台和资源支持。

码上阅读

国务院印发《关于进一步优化政务服务提升行政效能推动"高效办成一件事"的指导意见》2024 年年度重点事项清单

▶ 全力以赴，成就一流营商环境

党的十八大以来，河北在优化营商环境方面开展了系列探索，深化"放管服"改革，推动了政务服务的标准化、规范化、便利化，实现了政务服务事项的"一网通办"，探索出了系列好做法、好经验，取得了良好的成效。

"威县模式"，试点突破

威县是河北唯一综合改革试点县。自 2014 年组建全国首家县级行政审批局开始，威县持续深化"放管服"改革，实现

"一枚印章管审批";组建河北首个网上"中介超市",实现中介服务市场化;组建河北首家市民服务中心,实现"一厅覆盖便民企"。通过不断探索,威县总结形成了具有广泛影响力的"威县模式"。

近年来,"威县模式"版本不断更新,但有代表性的则是"1+3+1"模式:即以优化营商环境为目标,建设高质量发展和改革研究中心、企业服务中心、金融服务中心、民情通办服务中心和督查服务中心,形成"1+3+1"的闭环式运行管理模式。

"威县模式"的第一个"1"就是建设高质量发展和改革研究中心,谋划顶层设计。这一中心聚焦改革,深入谋划科技体制机制创新、产业高质量发展、乡村振兴、基层治理等系列改革攻坚行动,带头开展省内、省外两个对标,为推进县域高质量发展提供总体设计。

"威县模式"的"3"就是建设企业服务中心、民情通办中心和金融服务中心。这三个中心的定位就是抓好末端落实,聚焦解决好企业和群众的"急难愁盼"事,强化制度机制创新,推进数字化信息化平台建设,持续推动营商环境实现新提升。"企业服务中心"聚焦政策传导不到位、企业诉求多头跑等问题,建立完善网上信息化平台,推动企业全链条、全流程、全生命周期服务,实现惠企政策智能匹配、免审即享,"让数据多跑路、企业少跑腿",切实降低企业成本。"民情通办服务中心"聚焦非接触式信访反映问题渠道多，群众知晓使用率低、办结速度慢，以及群众遇见问题"不知道找谁""问不到结果""寻路难"等难题，打通服务群众的"最后一米"，切实做到群众"码上说"、政府"马上办"。"金融服务中心"聚焦中小企业融资难、融资慢、融资贵问题，常态化开展"政银企保"对接，引进域外金融机构，组建首贷服务中心，补齐金融环境短板。

威县营商环境评价连续三年居全省前列

"威县模式"的第二个"1"就是建设督查服务中心。这一中心定位为督查考评机构，以优化营商环境为重点，聚焦企业和群众所思、所盼，坚持"一竿子插到底"，推动督查服务力量下沉一线，倒追问题、倒逼落实，持续完善"多督合一"

制度机制，构建"决策—督查—落实—考评—奖惩—用人"完整闭环链条，推动各项惠企政策、惠民措施不折不扣落实到位，切实发挥好"抓落实、促发展"的作用。

"威县模式"通过"1+3+1"闭环体系建设，形成了完善的营商环境运行管理机制，持续用力为企业打造最舒心的市场环境、最贴心的政务环境、最暖心的金融环境、最安心的法治环境、最放心的信用环境。从2014年到2024年，10年间，威县推出一系列敢为人先的举措，30项改革经验在全省、全国推广；10年间，威县县域综合实力大幅跃升，由邢台市20个县（市、区）的末位跃升至第7位；10年间，"威县模式"不断总结创新，版本从1.0演进到6.0，营商环境持续优化，自2021年起，连续三年在河北各县（市、区）营商环境评价中位居前列。

 **资料链接**

威县"1234"服务企业模式

围绕精准高效地服务企业的目标要求，威县持续打造了服务企业全流程、全链条、全生命周期模式，打通服务企业的"最后一百米"。

"一口办理"搭建政企沟通桥梁。企业服务中心作为政府各部门服务企业的"总代理"，一口受理企业诉求，按照

"直办转办、分类办理、全程督办"模式，强化"职责内的直接办、马上办，职责外的分类办、转交办"，全过程"催着办、督着办"，实现26个职能部门密切配合、协同联动。

"双线渠道"打造服务企业之家。集中线下服务，在县市民服务中心开设800平方米的企业服务大厅，设审批验收、惠企政策、金融对接、要素保障、市场营销、法律援助等6个功能专区，打造对接项目、服务企业的实体平台，提供"面对面""一对一"线下服务。

"三项集成"创新企业服务模式。验收集成办，推行"一枚印章管验收"改革，将工业项目规划、建设、消防竣工验收等现场查验流程由12个简化为3个，有效节约了投资商的制度验收成本。

"四项机制"化解企业"急难需盼"。建立企业诉求分级响应机制，制定受理登记、快速办理、及时反馈、定期回访和统计分析等直办、转办工作流程，明确每个环节办理时限，企业服务中心第一时间响应、职能部门快速回应；建立联席会议、信息联动等工作制度，实现跨部门的服务集成与流程再造。

资料来源：《河北威县创新"1234"服务企业模式优化营商环境》，中国新闻网，2022年12月7日。

综合改革，全面推进

"威县模式"代表了河北的试点探索，而系列改革则反映了河北优化营商环境的整体进展。近年来，河北从提效能、抓改革、强整治入手，明确优化营商环境的目标任务，开启了优化营商环境的新局面。

优化营商环境，河北致力于五个"提升"。一是市场环境提升，建设公平有序的市场秩序，放宽市场准入，深化"一照多址""一证多址"改革，推动更多事项"准入即准营"，清理与企业性质挂钩的各类标准、补贴等，坚决拆除"隐性壁垒"，努力把更多机会放给市场、放给企业。二是政务环境提升，推行证明事项和行政许可事项"告知承诺制"改革，推动企业开办、涉企不动产登记等事项"一件事一次办"。深化工程建设项目审批制度改革，提高税务服务的精细度。三是要素环境提升，实施"科创河北"计划，落实科技特派团制度，培育和引进战略科技人才，开展重大基础设施项目用地保障攻坚，确保重点项目用地需求得到满足。四是法治环境提升，加快知识产权保护，加大涉企犯罪和金融领域犯罪的打击力度，提升社会治安防控效能。五是信用环境提升，推动信用信息全类全量归集，实现自然人信用记录全覆盖，建立政务诚信诉讼执行协调机制。

 **资料链接**

优化营商环境，河北涌现一批新做法好做法

河北省税务局：利用5G信息技术打造"冀税通－5G掌上税管家"，通过融合5G、云计算、大数据等新技术，为纳税人提供精准的优惠政策信息推送，实现"指尖办税"，提升服务质效，增强纳税人的获得感和满意度，促进了营商环境的优化。

河北省自然资源厅：推进工程建设项目审批"多测合一"改革，通过搭建信息服务平台，实现全程网上申报和审批，提高工程建设项目测绘服务效率，减少企业办事时间，优化了测绘市场营商环境。

河北省高级人民法院：发布的十大典型行政案例，展示法院在监督支持行政机关依法行政、助力法治政府建设方面的努力，通过司法手段保护企业合法权益，为营造稳定公平透明的营商环境提供了司法服务和保障。

石家庄市市场监督管理局：推进市场监管行政执法行为规范示范教学，以规范行政执法行为，提升监管执法队伍的形象和精神风貌，有效指导和促进了市场监管部门优化营商环境，服务高质量发展，得到了企业群众的广泛认可。

　　另外，石家庄市、唐山市、保定市还分别开展工程建设项目全生命周期数字化管理改革试点，推进全流程数字化审批，实现工程建设项目设计、施工、验收、运维全程数字化管理。

资料来源：根据网络公开资料整理。

　　根据2023年度万家民营企业评营商环境主要调查显示，河北是营商环境进步最明显的5个省份之一。2023年河北民营企业100强营业收入总额比上年增长16.43%，资产总额比上年增长了27.28%，这一发展成绩是河北努力优化营商环境的直接反映。

对标对表，砥砺奋进

　　营商环境没有最优只有更优，与先进省份相比较，河北营商环境还存在一些亟须优化之处。从与先进省市的政策比较看，北京市对标世界银行新营商环境评估框架，提出打造营商环境"北京服务"品牌；上海市聚焦市场化、法治化、国际化，迅速推出新一轮营商环境改革任务措施。河北在政策及时跟进和政策创新等方面都与先进省份存在差距。从与先进省市的理念比较看，当前优化营商环境已经从减环节、减时间、减成本、优服务阶段向"大营商"阶段迈进，要素环境已经成为优化营商环境的重点。虽然在《河北省2024年要素环境提升专项行动方案》《全省优化营商环境大会重点任务分工方案》中都对改善优化要素环境作出规定，但相比于先进省份，这些方案的相关内容还不够清晰。比如用地方面，广州在办理建筑许可指标的过程中，在过去全流程 6 个环节、18 天、"零成本"网办的基础上，进一步瞄准企业用地需求，推出工业用地"标准地"供应，鼓励各区因地制宜、因业制宜推动"工业上楼"，做优工业用地立体解决新模式。先进省份的做法无疑解决了企业最根本的需求，这是河北需要认真学习和借鉴的。

2023 年 5 月，习近平总书记在河北考察并主持召开深入推进京津冀协同发展座谈会时指出，要进一步推进体制机制改革和扩大对外开放，下大气力优化营商环境，积极同国内外其他地区沟通对接，打造全国对外开放高地。总书记的嘱托进一步明确了河北优化营商环境的方向，激发了砥砺奋进的决心。

在对标对表中找差距，在改革创新中谋取更大的进展。在下一步营商环境的提升中，河北要重点在五个方面展现新作为。一是要进一步提升法治保障力度，清理整合涉企政策，废止不符合市场规律、不适应现实需要和发展趋势、不具备兑现条件、不明确兑现流程的市场政策，推动各项政策协调发力。二是要进一步提升政务服务效率和质量，推进政务服务平台建设，强化政务诚信建设，进一步简化审批流程，减少审批环节和时间，提高行政效率。推进集成工程建设项目审批模式，实行统一受理、多规合一、多评合一、多测合一、并联审批，以提高审批效能。三是要进一步强化监督保障，明晰政府在优化营商环境中的监督职责和保障措施，加强对行政行为的监督，建立和完善问责机制。四是要进一步保护企业合法权益，防止乱收费、乱罚款、乱摊派象，对侵犯企业权益的行为提出具体的法律责任并进行严肃查处。五是更加注重激发企业创业创新活力，为企业人才引进培养、创业创新资金需求、技术研发推广需求提供更深层面的要素支撑。

未来，河北将更多从京津冀协同发展的高度审视和推进营商环境的优化。2024 年 8 月 19 日，国家发改委发布了《京津冀一流营商环境建设三年行动方案》，要以一流营商环境建设为牵引，推动京津冀协同发展再上新台阶。河北将进一步加强与北京市、天津市的合作，绘制建设一流营商环境新的"任务书"和"施工图"。

共绘优化营商环境新蓝图

京津冀协同共建一流营商环境

为扎实推进落实习近平总书记指示精神，国家发展改革委发布了《京津冀一流营商环境建设三年行动方案》（以下简称《行动方案》），围绕京津冀区域市场环境、法治环境、投资贸易环境、政务服务环境、公共服务和雄安新区营商环境等六个方面，提出 19 项重点任务，统筹推进京津冀一流营商环境建设。

市场环境建设方面，《行动方案》以"畅通"与"协作"为关键。畅通，突出企业迁移的畅通与便利；协作，突出以规则协同促进区域内企业公平竞争、共同发展。法治环境建设方面，《行动方案》将经营主体合法权益贯穿始终，以良好法治环境为区域内各类经营主体保驾护航，是各类经营主体专心发展、放心发展的重中之重。投资贸易环境方面，《行动方案》的有关举措将极大助力京津冀打造全国对外开放高地。政务服务方面，《行动方案》突出"便利"与"互通"，以经营主体感受为重点，明确了提升异地办事便利度、加强数据信息互认共享、融合线上线下办事渠道等方面具体措施。公共服务方面，《行动方案》重在加快区域共建，推动教育、医疗等优质公共服务共享。着眼优化雄安新区营

267

商环境，更好地服务北京非首都功能疏解项目落实落地，《行动方案》为雄安新区量身定做相关措施。

　　资料来源：国家发改委相关负责人解读《京津冀一流营商环境建设三年行动方案》。

京津冀协同发展：瓣瓣同心绽芳华

——在京津冀协同发展十周年之际，三省市围绕国家发展战略勠力同心取得了哪些重要成就和进展？

京津冀地区濒临渤海、携揽"三北"，与长三角、粤港澳大湾区比肩而立，地域面积21.6万平方公里，以全国2.3%的地域面积承载了8%的人口，创造了约1/10的经济总量，是我国经济最具活力、开放程度最高、创新能力最强、吸纳人口最多的地区之一，是拉动我国经济发展的重要引擎。党的十八大以来，以习近平同志为核心的党中央高瞻远瞩、深谋远虑，着眼党和国家发展全局，立足大历史观，深入谋划和推进京津冀协同发展战略，先后3次主持召开京津冀协同发展座谈会，多次到京津冀三地考察调研，在每一个关键节点都作出重要指示，推动这一国家战略不断向纵深推进。

2013 年 5 月，习近平总书记在天津调研时提出，要谱写新时期社会主义现代化的京津"双城记"；同年 8 月，在北戴河主持研究河北发展问题时，提出要推动京津冀协同发展。

2014 年 2 月 26 日，习近平总书记在北京主持召开座谈会，专题听取京津冀协同发展工作汇报。习近平总书记强调，"京津冀地缘相接、人缘相亲，地域一体、文化一脉，历史渊源深厚、交往半径相宜，完全能够相互融合、协同发展。"在此次座谈会上，习近平总书记全面深刻阐述了京津冀协同发展战略的重大意义、推进思路和重点任务。京津冀协同发展由此上升为重大国家战略。

2015 年 4 月 30 日，习近平总书记主持召开中央政治局会议，审议通过《京津冀协同发展规划纲要》，明确了京津冀整体定位是以首都为核心的世界级城市群、区域整体协同发展改革引领区、全国创新驱动经济增长新引擎、生态修复环境改善示范区；北京的定位是全国的政治中心、文化中心、国际交往中心和科技创新中心；天津的定位是全国先进制造研发基地、北方国际航运核心区、金融创新运营示范区和改革先行示范区；河北的定位则是全国现代商贸物流重要基地、产业转型升级试验区、新型城镇化与城乡统筹示范区、京津冀生态环境支撑区。

2019 年 1 月，习近平总书记再赴京津冀调研，并在北京召开座谈会，作出重要指示，明确提出："过去的 5 年，京津冀协同发展总体上处于谋思路、打基础、寻突破的阶段，当前和今后一个时期进入到滚石上山、爬坡过坎、攻坚克难的关键阶段，需要下更大气力推进工作。"

2023 年 5 月，习近平总书记在河北考察并主持召开深入推进京津冀协同发展座谈会，强调"要坚定信心，保持定力，增强抓机遇、应挑战、化危机、育先机的能力，统筹发展和安全，以更加奋发有为的精神状态推进各项工作，推动京津冀协同发展不断迈上新台阶，努力使京津冀成为中国式现代化建设的先行区、示范区"。

十年来，在以习近平同志为核心的党中央领导下，京津冀三地一张蓝图绘到底，坚定不移疏解非首都功能，推动"两翼"联动发展，唱好京津"双城记"，深化津冀合作，交通、生态、产业、公共服务等重点领域持续突破，形成了目标同向、措施一体、优势互补、互利共赢的发展格局。

▶▶ 北京：十年蝶变，高质量发展迈出坚实步伐

协同发展十年，北京高质量发展扎实推进。十年间，北京国内生产总值从 2013 年的 19500.6 亿元增加到 2023 年的将近 43760 亿元，带动整个京津冀地区国内生产总值突破 10 万亿元；产业结构不断优化，在全国率先形成"双80%"的服务经济发展格局，服务业占 GDP 的比重超过 80%，现代服务业占

服务业比重接近 80%；科技创新全面跃升，培育了国家实验室、新型研发机构等一批国家战略科技力量，突破了关键领域的一批"卡脖子"核心技术，为全面推进高质量发展提供了有力的北京支撑。

牢牢牵住疏解北京非首都功能这个"牛鼻子"

疏解北京非首都功能、解决北京的"大城市病"问题，是京津冀协同发展的出发点和落脚点。十年来，北京非首都功能疏解取得突破性进展，成为全国首个减量发展的超大城市。北京"新两翼"——雄安新区和北京城市副中心建设与发展都进入了新的阶段。

十年来，北京坚持控增量、疏存量相结合，从激励和约束两方面加快构建疏解政策体系，分批分期推动相关功能疏解，取得了突破性进展。一方面，"严控增量"。依照《北京城市总体规划（2016 年—2035 年）》要求，以资源环境承载能力为硬约束，切实减重、减负、减量发展，实施人口规模、建设规模双控，倒逼发展方式转变、产业结构转型升级、城市功能优化调整。另一方面，"疏解存量"。北京坚持集中疏解和分散疏解相结合，政府引导和市场机制相结合，稳妥有序推进疏解工作。一是推动一批区域性批发市场、一般制造业向京外有条件的地区转移。二是推动中央单位所属非首都功能疏解。十年来，北京退出一般制造业企业超 3000 家，疏解升级区域性专业市场和物流中心近 1000 个，利用拆违腾退空间实施绿化超

9200 公顷，城乡建设用地减量 130 平方公里。目前，北京交通大学、北京科技大学、北京林业大学、中国地质大学（北京）的雄安校区，北京大学人民医院的雄安院区都已开工建设，中国星网、中国中化、中国华能、中国矿产等央企雄安总部正在加快建设，中国三峡、中国船舶、中国电子总部也分别从北京迁移到武汉、上海、深圳，推动了全国经济布局的优化。

昔日的"动批"已成为"金科新区"核心区

十年来，北京城市发展框架有序拉开，中心城区不再摊大饼，而是通过北京城市副中心和雄安新区建设，有序承接和疏解非首都功能，实现从"一城独大"向"一核两翼"的重大转变。

政务名词

什么是"一核两翼"?

"一核"就是要充分发挥北京在京津冀协同发展中的核心引领作用,把有序疏解北京非首都功能、优化提升首都功能、解决北京"大城市病"问题作为首要任务,在推动非首都功能疏解的同时,大力推进内部功能重组,引领带动京津冀协同发展。

"两翼"就是北京城市副中心与河北雄安新区共同构成北京新的两翼,整体谋划、深化合作、取长补短、错位发展。努力形成北京城市副中心与河北雄安新区比翼齐飞的新格局。

资料来源:北京市人民政府网站。

北京城市副中心是北京新"两翼"建设的重要一翼,是以习近平同志为核心的党中央作出的重大决策部署,是千年大计、国家大事。自规划建设以来,北京城市副中心落实"世界眼光、国际标准、中国特色、高点定位"的要求,一座座地标建筑拔地而起,高质量发展不断提速,全面打造京津冀协同发展桥头堡,成为北京又一张亮丽的城市名片。

2023年,北京城市副中心所在的通州区实现地区生产总值1303.6亿元,是2013年的2.2倍(现价)。三次产业构成由

2013 年的 3.6∶46.7∶49.8 变化为 2023 年的 1∶35.9∶63.1，第三产业占比提高 13.3 个百分点。围绕规划主导功能，城市副中心大力发展与之相匹配的重点行业。金融业实现增加值 151.6 亿元，较 2013 年增长 4.3 倍，占地区生产总值比重达 11.6%，提高 6.8 个百分点，成为引领城市副中心高质量发展的重要引擎；公共管理、社会保障和社会组织实现增加值 131.8 亿元，较 2013 年增长 1.8 倍，占地区生产总值比重为 10.1%，提高 2 个百分点；文化、体育和娱乐业发展势头强劲，实现增加值 68.3 亿元，较 2013 年增长 22.1 倍，占地区生产总值比重为 5.2%，提高 4.7 个百分点；信息传输、软件和信息技术服务业，科学研究和技术服务业共实现增加值 42.8 亿元，较 2013 年增长 1.9 倍，占地区生产总值的 3.3%，提高 0.8 个百分点。截至 2023 年底，北京城市副中心高新技术企业超过 1100 家，规模以上大中型重点企业研究开发费用为 24 亿元，较 2019 年同期增长 26.9%。

北京城市副中心功能日趋完善，市四套班子及 70 余个市级部门、近 3 万名人员迁至副中心办公，环球影城成为文旅地标，北京艺术中心、城市图书馆、大运河博物馆等文化建筑盛装亮相，生活便利度不断提升。

北京城市副中心

"四个中心"建设取得显著进展

《京津冀协同发展规划纲要》明确提出北京在区域协同发展中的定位是建设全国的政治中心、文化中心、国际交往中心和科技创新中心。十年来，北京在"四个中心"建设上取得了显著进展。

政治中心和文化中心功能不断提升。作为首都，北京是中央政府所在地，是处理纷繁复杂的国际国内事务作出各类关键性重大决定的中心地带。建设政治中心是北京发展建设的内在要求，也是全国人民在思想上政治上行动上同党中央保持高度一致必然选择。全国文化中心是党中央赋予北京的城市战略定位之一。2014 年 2 月，习近平总书记在北京考察时指出，北京是世界著名古都，丰富的历史文化遗产是一张金名片，传承保护好这份宝贵的历史文化遗产是首都的职责。近年来，北京持续深化全国文化中心建设。"古都文化、红色文化、京味文化、创新文化"的基本格局逐步形成，全国文化中心地位显著增强。围绕"北京中轴线"申遗，北京钟鼓楼周边地区环境整治效果明显，中轴线上再现钟鼓楼崭新风貌；大运河文化带、长城文化带、西山永定河文化带传承保护利用持续深化，大运河京冀段全线62公里旅游通航；"三山五园"国家文物保护利用示范区建设不断推进。

北京深化全国文化中心建设

　　国际交往中心功能持续增强。近年来，北京围绕"建设具有世界影响力的中国特色国际交往中心"目标，牢牢扭住"服务国家总体外交"和"服务首都高质量发展"两条主线，努力走出一条具有鲜明时代特征、中国特色、北京特点的国际交往中心建设之路，服务保障能力、综合承载能力、促进发展能力、对外交往能力、城市形象塑造能力等五个方面实现明显提升。从 2018 年到 2023 年，北京共接待党宾国宾访京团组 605 个、近 1.2 万人次，在京跨国公司地区总部达 226 家、外资企业总量达 5 万家，在京注册登记的国际组织达 113 家，市区两级国际友好城市和友好交流城市达 260 个。

科技创新中心辐射带动升级。 习近平总书记 2023 年 5 月在河北考察并主持召开深入推进京津冀协同发展座谈会时强调："要加快建设北京国际科技创新中心和高水平人才高地，着力打造我国自主创新的重要源头和原始创新的主要策源地。"据《人民日报》2024 年 4 月 28 日报道，十年间，北京万人发明专利拥有量增长 4 倍多，年技术合同成交额、国家高新技术企业数量、每日新设科技型企业数量、高技术产业增加值、中关村示范区企业总收入等 5 项指标实现翻番。科技创新的辐射带动作用明显增强，北京输出津冀技术合同由 2013 年的 3176 项增长至 2023 年的 6758 项，年均增长 7.8%；成交额由 2013 年的 71.2 亿元增长至 2023 年的 748.7 亿元，年均增长 26.5%。

以首都为核心的世界级城市群主干构架基本形成

《京津冀协同发展规划纲要》提出，要将京津冀打造成为以首都为核心的世界级城市群。推进以首都为核心的京津冀世界级城市群建设，是有序疏解北京非首都功能，破解北京大城市病难题，促进京津冀区域协同发展和形成新增长极的有效抓手。现代化首都都市圈则是建设京津冀世界级城市群的必经发展阶段。经过这几年的协同发展，初步形成了由通勤圈、功能圈、产业圈组成的现代化首都都市圈，为世界级城市群建设打下了坚实基础。通勤圈是现阶段首都都市圈建设的重点，主要是促进环京地区深度融合，完善区域快线，加强公共服务配套，形成同城化效应。功能圈主要是促进京津雄联动发展。产业圈主要是促进节点城市强链补链，聚焦新能源和智能网联汽车、生物医药、工业互联网、氢能等重点产业链，形成紧密分工协作格局。未来京津冀世界级城市群将加快构建，推动京津冀在建设中国式现代化先行区、示范区的道路上稳步向前。

京津冀加快基础设施建设

▶▶ 天津：全力服务"新两翼"，唱好京津"双城记"

天津深入贯彻落实习近平总书记关于京津冀协同发展的重

要讲话和指示批示精神，立足"一基地三区"功能定位，强化协同创新和产业协作，深化基础设施互联互通，加强生态环保联防联控联治，促进基本公共服务共建共享，扎实推动京津冀协同发展走深走实，为使京津冀成为中国式现代化建设先行区、示范区作出天津贡献。

服务北京非首都功能疏解和"新两翼"建设

不谋全局者，不足谋一域。天津积极承接北京非首都功能疏解，强化京津同城化效应，加快双城联动发展。

央地合作成果丰硕。天津着力建立高频高效"握手"通道，全方位深化与国家部委、央企、央院等合作，充分运用市场化机制，进一步完善承接载体功能和配套政策，积极吸引各类企业总部、科研机构、高等院校、医疗机构、金融机构入驻天津。亚投行天津办公室投入使用，中海油、中石化、中铁建、通用技术集团等一批央企在津布局，一批高质量项目落户天津。

平台建设特色明显。统筹优化天津承接格局，市区联动打造一批特色鲜明、功能较强的承接平台。截至2023年底，天津滨海—中关村科技园累计注册企业超4900家，其中国家科技型中小企业259家，国家高新技术企业193家。宝坻京津中关村科技城累计注册企业超1400家。武清京津产业新城规划建设方案获批实施，铁科院研发中心、北京化工大学武清产学研基地等重点项目加快建设。出台《天津西站综合开放枢纽一京津冀同城商务区总体建设方案》，站产城一体化枢纽不断完善。国家会展中心（天津）建成投用，窗口辐射带动功能逐步显现。

服务"两翼"展现作为。 天津与河北签署积极推进河北雄安新区建设发展战略合作协议，支持雄安新区全面深化改革和扩大开放。津雄城际铁路纳入国家规划。设立天津港雄安服务中心，打造雄安新区快速出关、便捷出海的"绿色通道"。天津城建设计院、市政工程设计院设立雄安分院，天津一中设立雄安校区，天津职业大学、天津医科大学总医院等一批职业院校、医疗机构持续为雄安新区提供优质技能培训和技术帮扶。推动武清区、宝坻区等毗邻区主动融入通州与北三县一体化发展。

"一基地三区"取得显著成效

《京津冀协同发展规划纲要》明确提出天津在区域协同发展中的定位是全国先进制造研发基地、北方国际航运核心区、金融创新运营示范区和改革先行示范区。十年来，天津围绕这一定位建设取得显著成效。

建设全国先进制造研发基地。 天津是近代中国工业的摇篮，制造业底蕴深厚。围绕全国先进制造研发基地建设，天津市着力培育壮大集成电路、车联网、生物医药、新能源、新材料、高端装备等战略新兴产业，加快建设先进制造业产业技术研究院、中欧先进制造产业园等研发机构，为先进制造提供有力的产业基础和创新支撑。另一方面，聚焦北京创新资源与天津需求的契合点，天津加大引智力度，注重承接平台建设和协同创新，促进天津企业、高校、科研院所加强与北京协同合作、联合攻关，相继落户或成立了中国新一代人工智能发展战略研究院、中国工程科技发展战略天津研究院、清华大学天津电子信息研究院、北京大学（天津滨海）新一代信息技术研究院等创新平台，有力地推进了先进制造研发基地建设。

 典型案例

滨海新区：加快打造国家先进制造业研发基地示范样板

天津滨海新区成立于 2009 年 11 月，区域内拥有天津经济技术开发区、天津港保税区、天津滨海高新技术产业开发区、天津东疆综合保税区、中新天津生态城等 5 个国家级开发区，是天津落实"一基地三区"功能定位的核心区、排头兵，是推动全国先进制造研发基地建设的样板区。

目前，滨海新区已建成航空航天、电子信息等 8 个国家新型工业化产业示范基地，空客天津 A320 系列飞机第二条总装线项目开工建设，形成绿色石化、电子信息、新能源新材料、汽车等 4 个千亿级产业集群，租赁资产规模和商业保理资产规模居全国第一。截至 2023 年底，新区拥有国家级创新平台 78 个，获批全国创新驱动示范区、首批国家知识产权保护示范区建设城市。

资料来源：《唱响京津"双城记"｜滨海新区加快构建现代化产业体系》，载于《北京日报》2024 年 8 月 8 日。

天津滨海高新产业技术开发区

建设北方国际航运核心区。依托海港、空港"双枢纽"，天津北方国际航运核心区建设蹄疾步稳。一方面，努力打造世界一流绿色智慧枢纽港口，着力陆海双向通道建设。2021 年，全球首个"智慧零碳"码头——天津港北疆港区 C 段智能化集装箱码头正式投产运营；2024 年 7 月，天津国际陆港首次开行中欧班列。随着海向航线不断"上新"，陆向班列扩容增效，天津持续提高"枢纽"辐射能力。截至 2024 年 7 月，天津港同世界上 180 多个国家和地区的 500 多个港口保持着贸易往来，陆上 6 条对外集疏运铁路、"五横四纵"集疏运高速公路辐射面积近 500 万平方公里。另一方面，打造区域航空枢纽，加快落实国际航空物流中心定位。天津机场新开加密国际和国内航线，航空物流园区大通关基地一期竣工验收，由河北、青海、甘肃、宁夏转运至北京的海运邮件调整至天津国际邮件互换局清关发运，跨境寄递服务辐射作用有效发挥。

建设金融创新运营示范区。经过多年发展，天津形成多项全国首创性的金融产品和服务模式，成为全国少数几个拥有全部金融牌照的城市。在建设金融创新运营示范区的进程中，天津逐渐生成了"两张特色名片"：融资租赁和商业保理。截至 2024 年 6 月末，天津融资（金融）租赁公司 1086 家，资产总额 2.19 万亿元，机构数量和管理资产规模居全国前列。商业保理公司 540 家，资产总额 2982.9 亿元，保理融资款余额 2530.8 亿元，均稳居全国首位。

资料链接

深化金融改革创新

截至 2023 年底，天津自贸试验区金融工作协调推进小组办公室已累计发布 153 个金融创新案例，充分体现了自贸试验区金融改革创新持续服务实体经济的鲜明特征。在新发布的案例中，东疆综保区落地全国首单离岸发动机融资租赁业务，发布全国首个融资租赁绿色评价机制；落地全国首笔"专利转让登记＋专利质押登记"相结合的知识产权融资租赁创新业务。天津港保税区区内企业天津临港港务集团 ABS 项目取得上海证券交易所无异议函，核准储架发行额度 13.68 亿元，是全国首单优先级 AAA 评级港口收费收益权 ABS 项目，也是全国首单京津冀协同发展 ABS 项目。

资料来源：《天津发布新一批自贸试验区金融创新案例案例总数已达 153 个》，天津市地方金融监督管理局网站，2023 年 12 月 14 日。

建设改革开放新高地。 2013 年 5 月，习近平总书记在天津考察时强调，要充分利用滨海新区平台，先行先试重大改革措施，努力为全国改革发展积累经验。自此，天津自贸试验区正式挂牌运行，重点实施了行政管理、投资、贸易、金融和引领推动京津冀协同发展五个方面的试点内容，已有 39 项制度创新成果在全国复制推广。另外，天津临港综合保税区获国务院批复设立，成为天津第 5 个综合保税区。天津国家服务业扩大开放综合试点落地见效，支持快递业提供一体化供应链管理服务等 4 项经验入选国家服务业扩大开放综合试点示范最佳实践案例。从打造高水平自由贸易试验区，到深化服务业扩大开放综合试点；从营造市场化法治化国际化营商环境，到实施"海河英才"计划广纳"千里马",天津正不遗余力地加快建设开放包容的北方都市型开放新高地。

唱好"双城记"拓展合作广度和深度

2024年2月2日,习近平总书记在天津考察时指出,"要围绕推动京津冀协同发展走深走实,深入推进区域一体化和京津同城化发展体制机制创新,唱好京津'双城记'"。天津市委市政府深入学习贯彻习近平总书记重要讲话精神,持续推动京津冀协同发展走深走实,立足禀赋优势,推动基础设施一体化,增强区域综合交通服务和管理能力;推进市场一体化,构建区域间统一的商品和要素市场;推进产业分工一体化,构建产业链和创新链深度融合的区域产业分工体系;实现公共服务一体化,使人民群众具有更多的获得感;实现生态环保一体化,共创良好生态环境和社会环境;推动政府治理一体化,为区域一体化发展提供法规支撑,不断激发同城化一体化发展内生动力。

通勤服务更加便捷。京滨城际北段(天津宝坻区至北辰区段)建成运营,津兴城际铁路通车运营,形成京津、京沪、京滨、津兴4条高铁联通京津双城的交通格局。京津城际铁路实行"月票制",实现"公交化"运营,高峰时段运能提升约20%。京津冀交通"一卡通"已覆盖天津全部公交和地铁运营线路,地铁乘车实现"一码通行"。开行武清至北京客运"定制快巴",满足两地居民跨省市通勤需求。

港产合作深入推进。打造北京便捷出海口，开通"天津港—北京大红门""天津港—北京平谷"等海铁联运班列，设立"北京 CBD—天津港京津协同港口服务中心"，有力服务北京外向型经济发展。做好 LNG、航油等能源物资保供，北京燃气 LNG 应急储备项目一期工程投产。依托京津物流园在京津两地间搭建高端智慧冷链物流商贸平台，为北京地区提供"从港口到餐桌"的便利化服务。

生态环境联防联建联治。良好的生态环境，是京津冀协同发展的重要基础，是实现京津冀区域经济可持续发展的重要支撑，也是提升京津冀三地民生福祉的最直接体现。2018 年以来，天津连续印发京津冀生态环境联建联防联治年度重点工作举措，认真落实京津冀协同发展战略，携手京冀两地和周边四省市，坚持"同呼吸、共命运"，打破地域限制，携手发力，统筹推进区域结构调整、污染减排，不断深化大气污染治理，流域水污染协同治理，实施重大生态工程，建立绿色生态屏障，形成资源节约和保护环境的空间格局、产业结构、生产方式、生活方式，为人民群众创造良好生产生活环境。

公共服务共建共享。高质量发展是以人民为中心的发展。京津冀协同发展的最终目的是提升人民福祉，把推动高质量发展同创造高品质生活、满足人民美好生活需要紧密结合起来。天津与京冀加强社会事业合作，把改善民生福祉融入京津冀协同发展中，全面推进医疗、教育领域合作共建、社会保障一体化以及文化协同发展。深化教育领域合作，促进教育资源协同共享。截至 2023 年底，11 所天津高校与京冀 65 所高校共建 32 个教育联盟，协和医学院天津医院校区开工建设。深化办医合作，促进医疗资源共建共享。天津持续扩大异地就医直接结算范围，开通异地就医住院、普通门诊、门诊慢特病定点医药机构分别达到 458 家、1642 家、617 家。深化社会保障合作，促进社会保障一体化发展。推动三地专业技术人员职称资格、外籍人才流动资质等互认，共同制定发布全国首个人力资源服务区域协同的地方标准。推进京津冀文化协同发展，与京冀两地共同成立了文化产业发展联盟，签订多个框架协议，联合推介京津冀精品旅游线路，联动实施外国人 144 小时过境免签政策，大力推动长城、大运河国家文化公园建设。深入挖掘河、海、洋楼等特色资源，升级推出 42 条"津牌"旅游线路，培育"北京最近的海"话题，打造"四季欢乐游　天津常走走"主题产品，上线"乐游京津冀一码通"系统，举办海河文化旅游节、"向海乐活节"等系列文旅活动。

▶ 河北：在对接京津、服务京津中加快发展自己

习近平总书记对河北知之深、爱之切。党的十八大以来，习近平总书记 11 次视察河北，明确提出新时代新征程做好河

北工作的总体要求和目标任务，为河北做好工作提供了强大政治引领和科学行动指南。对河北来讲，京津冀协同发展是最大、最宝贵、最现实、最不能错过的历史机遇。京津冀协同发展上升为国家战略十年来，河北发挥环京津的地缘优势，找准在协同大局中的定位坐标，抢抓重大机遇，全面落实"三区一基地"功能定位，向改革创新要动力，把发展落差的势能变成协同发展的动能，形成了一批可复制、可推广的发展模式，不断促进协同发展走深走实，奋力谱写中国式现代化建设河北篇章。

打造疏解北京非首都功能集中承载地

2017 年，中共中央、国务院印发通知，决定设立河北雄安新区。这是以习近平同志为核心的党中央深入推进京津冀协同发展作出的一项重大决策部署，是千年大计、国家大事。习近平总书记亲自决策、亲自部署、亲自推动，为雄安新区规划建设领航指路、把脉定向。从 2017 年至 2023 年，习近平总书记三赴雄安，调研、决策，规划、建设，雄安的每一步，都倾注了总书记的关怀。他强调，真正把高标准的城市规划蓝图变为高质量的城市发展现实画卷。

七年来，河北上下牢记习近平总书记殷切嘱托，感恩奋进，在中央有关部委和京津两市的大力支持下，以思想大解放、能力大提升、作风大转变、工作大落实的生动实践，高标准高质量推进雄安新区建设。作为北京非首都功能集中承载地的河北雄安新区积极承接北京非首都功能疏解，聚集高端高新产业，吸引创新创业人才，这座承载千年大计、国家大事的"未来之城"雄姿初显。

承接北京非首都功能疏解加力提速。雄安新区从"一张白纸"着墨，每天都在积蓄力量、拔节生长。城市功能不断完善，城市雏形全面显现，承接北京非首都功能疏解工作不断取得新进展。截至 2023 年底，中央企业在雄安新区设立各类机构 200 多家。2023 年，雄安新区承接引进央企二、三级子公司 52 家。首批疏解的 4 家央企总部加快推进，一批市场化疏解项目加快建设。北京交通大学、北京科技大学、北京林业大学、中国地质大学（北京）雄安校区等首批疏解的 4 所高校已全部开工建设，北京大学人民医院雄安院区建设工程项目正式开工建设。

新时代宜业宜居的"人民之城"日见雏形。雄安新区聚焦于民生福祉的保障与改善，成功引入京津地区的优质教育资源、医疗卫生服务、文化体育设施等，还倾力打造了一批高质量、共享性的公共服务设施，显著提升了公共服务的整体水平。漫步雄安街头，可见无人驾驶公交车正进行实地测试，智能井盖与智慧路灯已投入日常使用，科技赋能生活动力澎湃。同时，新区生态环境持续优化，实现了"3 公里进森林，1 公里进林带，300 米进公园"的绿色愿景，生态画卷正徐徐展开。此外，雄安新区精心打造"步行 5 分钟送孩子到幼儿园，10 分钟到菜市场、小学，15 分钟到医院、中学"的 15 分钟生活圈，极大便利了居民的日常生活。尤为值得一提的是，围绕雄安城市计算中心，新区构建了块数据平台、城市信息模型平台、物联网平台和视频一张网平台。"一中心四平台"汇聚超过 280 亿条城市运行数据，实现全域实体城市与数字孪生城市的深度融合，让每栋建筑、每条道路、每个社区的管理更加"耳聪目明"，城市管理更加精细化、智能化。

京雄高速全线通车运营

集聚创新资源的"创新之城"初露端倪。承载着千年大计的雄安新区立长远之志，聚焦高端高新产业，正围绕新一代信息技术、现代生命科学和生物技术、新材料三大主导产业重点布局。一方面，搭建一流创新平台，雄安新区推进科创中心、中关村科技园等 10 余个重要创新和产业平台载体建设，建设若干重大科研设施、大科学装置、国家重点实验室，打造自主创新和原始创新重要策源地。另一方面，构建开放创新生态，雄安新区出台《支持企业创新发展若干措施》等一揽子"硬核"政策，重磅发布"雄才十六条"，打造空天信息、智能网联、软件信创等 21 个主题楼宇，引进一批创新能力强、引领作用大、研发水平高的领军企业和高成长型科技企业。

"三区一基地"建设取得突出成效

《京津冀协同发展规划纲要》明确提出河北在区域协同发展中的定位是全国现代商贸物流重要基地、产业转型升级试验区、新型城镇化与城乡统筹示范区、京津冀生态环境支撑区。河北扎实落实党中央赋予的功能定位，"三区一基地"建设取得突出成效。

建设全国现代商贸物流重要基地。近年来，河北优化物流产业布局，积极承接北京区域性物流设施疏解转移，在环京津地区建设全球性物流发展高地、供应链中心枢纽、农产品供应基地，在重要节点城市建设一批物流基地，引进物流行业龙头企业，打造物流区域总部基地，加快发展物联网，畅通物流通道，构建现代化物流运行体系。唐山、石家庄、保定、沧州获批国家物流枢纽城市，设立石家庄、曹妃甸、廊坊、秦皇岛、大兴机场、雄安新区 6 家综合保税区，启动唐山、石家庄、雄安新区、廊坊、沧州跨境电商综合试验区建设，打造廊坊现代商贸物流基地。"一环、两通道、多节点"商贸物流空间格局基本形成。2023 年河北全省商贸物流业增加值占 GDP 比重已达 15.5%。

 典型案例

廊坊：打造快递龙头的北方"大本营"

2022 年以来，廊坊市将现代商贸物流产业确定为"一号工程"，统筹规划建设北方现代商贸物流基地。如今，廊坊已成为河北省区域性分拨中心及区域快递总部最多的城市。2019 年，韵达快递总部从北京搬迁至河北省廊坊市香河县，公司整体揽收能力扩大了一倍多，实现日最大揽收 500 万单；圆通速递北方总部基地二期项目预计 2024 年 9 月交付使用，快递日处理能力将由 600 万件提升至 1000 万件。此外，中通、申通等快递企业近年来也纷纷落户廊坊。2023 年廊坊快递业务量累计完成 11.64 亿件，全年业务量首次突破 10 亿件，业务量实现十连增，年均增幅近 46%。

资料来源：根据网络公开资料整理。

建设全国产业转型升级试验区。坚决去、主动调、加快转，超额完成国家下达的钢铁、煤炭、水泥、平板玻璃、焦炭、火电六大行业去产能任务。2013 年底，河北全省集中拆除 8 家钢铁企业的 10 座高炉和 16 座转炉，涉及钢铁产能超千万吨，拉开了河北化解过剩产能的序幕。十年来，通过压减产能、整合重组，河北钢铁冶炼企业如今已从 123 家减至 39 家。与此同时，河北借助京津冀协同发展重大机遇，深入开展"万企转型"行动，大力培育 12 个主导产业和 107 个县域特色产业，高新技术产业增加值占规模以上工业比重由 2014 年的 13.1% 提高到 2023 年的 21.4%。目前，"北京疏解、津冀承接，京津研发、河北转化"的协作链条日渐清晰。截至 2023 年底，新增国家级高新技术企业超过 1500 家，国家科技型中小企业总数超过 2 万家。国家中小企业特色产业集群数量并列全国第一，企业工业设备上云率继续保持全国第一。

建设京津冀生态环境支撑区。深入推进蓝天、碧水、净土保卫战，实施三北防护林、太行山燕山综合治理、地下水超采综合治理等重点工程。截至 2022 年底，全省森林覆盖率提高到 35.6%，地表水国考断面优良比例首次超过 80%，华北地区地下水超采综合治理行动方案明确的 59.7 亿立方米治理任务全部完成。空气质量大为改观。2023 年河北省 PM2.5 平均浓度降至 38.6 微克/立方米，比 2014 年下降 57.6%，全省重点城市空气质量全部退出全国"后十"。持续推进京津冀污染治理联防联控机制建设，着力推进京津保生态过渡带、京津风沙源治理等重大生态工程，京津水源上游流域生态补偿实现全覆盖，首都"两区"建设成效明显。

典型案例

打造"水清鱼虾鲜"的新白洋淀

被称为"华北之肾"的白洋淀是华北平原最大淡水湖泊，143个淀泊星罗棋布，3700条沟壕纵横交错。它对维护华北地区生态环境具有不可替代作用。曾几何时，白洋淀受到工业污染的严重影响，导致大量水生动物死亡，一些河段水质一度呈"酱油色"，气味刺鼻难闻。2017年雄安新区设立后，白洋淀的修复和保护力度空前加强。当地通过关闭污染企业加强对污染源的控制；通过持续补充水供应，退耕还湿。经过6年多的努力，白洋淀水质从雄安新区设立之初最差的劣五类提升至三类，步入全国良好湖泊行列。同时，白洋淀生物多样性水平进一步提高，野生鸟类有276种，较雄安新区设立前增加了70种；野生鱼类有48种，较雄安新区设立前增加了21种，重现了淀水清澈、鱼游浅底、鸥鸟翔集的美丽画卷。

资料来源：根据网络公开资料整理。

建设全国新型城镇化与城乡统筹示范区。河北着眼于与京津共同打造世界级城市群，加强区域中心城市规划建设管理和县城扩容，城镇空间布局结构不断优化，初步形成7个大城市、5个中等城市、20个小城市为主体，县城和小城镇为支撑的多节点、网络型城镇体系，5 个县级市入围 2023 中国县域经济百强名单。全省常住人口城镇化率由 2014 年的 49.3% 提高到 2023 年的 62.8%。

在"三区一基地"建设中，形成一批可复制、可推广的发展模式。京津冀协同发展、雄安新区规划建设等，给河北的发展带来了宝贵机遇。河北深入贯彻习近平总书记"在对接京津、服务京津中加快发展自己"的重要指示，向改革创新要动力，形成了一批可复制、可推广的发展模式。

创新链延伸型。河北不断健全科技成果转化对接机制，加快促进京津科技成果在河北转化。2023 年 11 月，京津冀三地人大常委会审议通过了《关于推进京津冀协同创新共同体建设的决定》，提出建立健全区域创新体系，协力打造我国自主创新的重要源头和原始创新的主要策源地、引领全国高质量发展的动力源。作为北京中关村的第一个京外机构，保定中关村 2015 年 4 月挂牌以来，已吸引 300 多家知名企业或机构注册办公，有一半以上企业来自北京。一个中关村，花开京津冀。10 年来，中关村企业在津冀累计设立分支机构超过 1 万家。

"政策飞地"型。我国医药行业实行属地管理，药企须在注册地生产和接受监管。依托在全国首开先河的医药企业"异地监管"政策，曾经是盐碱荒滩的北京·沧州渤海新区生物医药产业园，如今聚集了上百家药企。北京药企外迁沧州后仍保留北京身份，产品还是"北京药"，仍由北京市有关部门依法实施许可、认证和监管。这一政策创新解决了药企跨省转移审批难题，药企保留"北京药"品牌效应和首都市场。

一体化发展型。廊坊北三县与北京通州区仅一河之隔。2020 年 3 月，国家发展改革委、北京市、河北省人民政府联合印发《北京市通州区与河北省三河、大厂、香河三县市协同发展规划》，提出充分发挥北京城市副中心示范引领作用，辐射带动北三县协同发展。2021 年，国务院印发《关于支持北京城市副中心高质量发展的意见》要求，积极推进北京城市副中心、通州区与北三县一体化高质量发展。

携手共建型。唐山曹妃甸有港口、土地和巨大发展空间，北京有曹妃甸急需的科技、教育、人才等资源。2014 年，京冀签署《共同打造曹妃甸协同发展示范区框架协议》，北京派干部到曹妃甸任职、挂职，加快产业协作，共同打造环渤海高质量发展新增长极。截至 2024 年 3 月，曹妃甸累计承接北京亿元以上产业项目 239 个，完成投资超过 1700 亿元。

交通廊道型。河北打通拓宽对接京津干线公路 44 条段、2552 公里，京津冀地区多节点、网格状、全覆盖的综合交通网络基本形成，为京津冀协同发展提供了坚实基础。高速公路网络日益完善，带动技术流、资金流、人才流快速流动。依托京张高铁等 4 条铁路和延崇高速等 5 条高速公路，塞外张家口全面融入北京"一小时交通圈"，带动当地体育文化旅游、冰雪、大数据、可再生能源、现代制造、绿色农牧等六大绿色产业。

文化和旅游部、国家发展改革委、国家体育总局 2022 年公布《京张体育文化旅游带建设规划》，京张两地将携起手来，努力建成奥运场馆赛后综合利用国际典范、国际冰雪运动与休闲旅游胜地、全民健身公共服务体系建设示范区和体育文化旅游融合发展样板。

推进充满获得感的协同发展

拥有 1 亿多人口的京津冀地区，地缘相接、人缘相亲，地域一体、文化一脉，具备相互融合、协同发展的天然基础。推进京津冀协同发展，最终要体现到增进人民福祉、促进共同富裕上。十年来，河北借助京津优势，彰显鲜明的人民立场，通过创新体制机制和政策安排，促进公共服务共建共享、全面融合。

医疗服务共建共享，家门口看名医，减少异地奔波。京津冀医疗合作，有效缓解了京津大医院"人满为患"、河北及全国各地患者跨省奔波异地看病的矛盾，取得双赢之效。十年来，京津冀已携手建设了 40 个医联体，实现河北设区市全覆盖。截至 2023 年底，河北与京津共建 8 个国家区域医疗中心。2023 年京津冀取消异地就医备案，实现就医一卡通行，4900余家定点医疗机构实现跨省异地就医住院费用直接结算，7000余家定点医疗机构实现跨省异地就医普通门诊费用直接结算。截至 2023 年底，河北 312 家医疗机构与京津 373 家医疗机构实现 50 项检验结果互认，295 家医疗机构与京津 208 家医疗机构

实现 30 项影像检查资料共享，在全国首次构建三地协同适用的代谢性疾病基本公共服务标准体系，建立统一管理中心平台和患者信息库，实行一体化医疗服务模式。三地公共卫生领域的全面合作，带动了区域医疗水平整体提升，群众就医获得感明显增强。

优质教育资源共建共享，"跨省过河"，辐射带动更多区域。京津优质教育资源丰富，一批名校通过建设分校、合作办学、结对帮扶、成立联盟等形式"牵手"河北。2023 年，北京援建雄安新区的"交钥匙"项目雄安北海幼儿园、雄安史家胡同小学、北京四中雄安校区迎新开学。截至 2024 年 1 月，河北共有 496 所中小学、幼儿园与京津 314 所中小学和幼儿园以多种形式开展跨区域合作办学，更多优质教育资源在河北"落地生根"。累计成立了 15 个跨区域职教联盟、22 个京津冀高校发展联盟。通过引进京津优质资源，一批河北中小学校提升了管理水平和教育教学质量。截至 2023 年上半年，京津与河北基础教育交流项目已超过 500 个，1000 多名中小学骨干校长教师赴京挂职学习。按照京津冀 2023 年共同签署的教育协同发展三年行动计划，将继续促进基础教育共建共享，聚焦重点发展的共同产业领域开展技术联合攻关，加快推进高校协同发展。

打造养老服务示范区，推动医康养协同。利用独特区位、优美生态和成本优势，河北以环京 14 个县（市、区）为重点，引进培育养老龙头企业，推进政策标准衔接，布局医康养相协同的养老服务业，吸引京津老人到河北养老。"通武廊"区域构建了养老领域人才合作交流等机制。京津冀三地民政部门发布养老服务协同发展政策方案，三地将搭建养老服务资源对接平台，打通京籍老年人失能护理补贴异地支付通道，为老年人提供支付便利；推动北京市中医医疗机构与有内设医疗机构资质的津冀养老机构协作，为入住津冀养老机构的老年人开具康养类、预防类等中医处方。

政务服务加快同城化，惠企便民暖心贴心。 京津冀打破区域壁垒，整合政务资源，强化政务协同，推进政务服务区域通办。截至2024年2月，三地已推动179项政务服务事项"同事同标"，234项实现"跨省通办"，200余项"京津冀+雄安"政务服务事项实现"移动办"。社保等领域同城化加速。京津冀社保卡"一卡通"实现跨省通用、一卡多用、线上线下场景融合发展，在政务服务、社会保障、交通出行、文化体验、旅游观光、就医购药等领域可通用共享。

"这么近，那么美，周末到河北"唱响京津冀。 依山傍海的河北，这两年抢抓京津冀协同发展、雄安新区建设等重大机遇，着力打造文旅融合、全域全季的旅游强省，用心培育文旅新产品、新模式、新业态，自然风光之美、历史积淀之美、人文环境之美、时代发展之美日益凸显。2024年4月29日，由河北省文化和旅游厅牵头，京津冀三地旅游协会合作搭建的

"乐游京津冀一码通"平台上线，2500家文旅企业单位进驻平台、注册用户突破150万，京津冀区域游客周末游、短途游、冰雪游、避暑游等持续火爆。

实践证明，党中央关于京津冀等重大区域发展战略是符合我国新时代高质量发展需要的，是推进中国式现代化建设的有效途径。站在新的起点上，京津冀三地坚持把推进中国式现代化作为最大的政治，把高质量发展作为新时代的硬道理，共同打造高质量发展重要动力源，奋力谱写协同发展新篇章，全力以赴使京津冀成为中国式现代化建设的先行区、示范区。

后 记

本书由河北省社会科学院、中共河北省委讲师团编写。在编写过程中，河北省社会科学院党组书记、院长，省委讲师团主任，省社科联第一副主席吕新斌同志审定了编写提纲，省社会科学院党组成员、副院长、省委讲师团副主任袁宝东同志对全书进行了统稿，吕新斌同志对全书进行了最终审定。

河北省社会科学院经济教研处处长、一级调研员崔巍同志具体协调了书稿的编写、修改和出版工作。参与本书编写工作的同志有：刘来福、张艳、赵向东、秘斯明、付敏杰、张贵、杨君、郭晓杰、张利梅。

由于时间和水平有限，书中难免有疏漏和不足之处，敬请读者批评指正。

编 者
2024 年 8 月